JAMIE OLIVER

7 X ANDERS

Fotografie LEVON BISS

Vormgeving JAMES VERITY van SUPERFANTASTIC

KOSMOS

Kosmos Uitgevers, Utrecht/Antwerpen

PAUL SMITH

Ik draag dit boek op aan Sir Paul Smith. Een van de coolste en aardigste creatieve geesten die ons land heeft voortgebracht. Bedankt, Smithy, voor het lichtende voorbeeld dat je voor mij en vele anderen bent. Love, J x

INHOUD

MAKKELIJKE IDEEËN VOOR ELKE DAG

7 x anders is er om je nieuwe ideeën te geven met ingrediënten die je al kent en lekker vindt. Laten we eerlijk zijn, het leven is tegenwoordig waanzinnig druk en vraagt steeds meer van onze tijd en aandacht. In dit boek vind je oplossingen om obstakels te overwinnen, waarbij ik het simpel probeer te houden en je inspiratie geef voor je dagelijkse maaltijden.

18 FAVORIETE INGREDIËNTEN WAAR JE DOL OP BENT

Ik heb eens gekeken naar actuele data over wat we week in, week uit in ons winkelmandje laden, en heb dit boek gebaseerd op 18 favoriete ingrediënten die steeds terugkomen. We weten dat iedereen uit een beperkt repertoire kookt; ik wil proberen dat met een aantal nieuwe favorieten uit te breiden. Daarmee is *7 x anders* het meest op de lezer gerichte kookboek dat ik ooit geschreven heb.

MAXIMALE SMAAK MET MINIMAAL GEDOE

De laatste drie jaar kreeg ik tijdens ouderavonden, publieksoptredens en willekeurige ontmoetingen vaak de vraag wanneer ik weer met een *5 ingrediënten* kom. Blijkbaar is de filosofie van dat boek bij jullie blijven hangen. Ik heb daarom geprobeerd daarop voort te borduren. Zie dit boek als een goede vriend van *5 ingrediënten* – ook hier houden we de boel simpel en behalen we met minimaal gedoe maximale smaak. Behalve leuk om te maken moeten de recepten superlekker zijn en altijd lukken, en dat is exact wat je op de volgende pagina's kunt verwachten.

IK WIL JE OPLOSSINGEN BIEDEN

We werken weer met dezelfde korte ingrediëntenlijstjes, aangevuld met foto's, portiegroottes variërend van maaltijden voor één tot zes, heldere tijdsaanduidingen, een heleboel handige trucs en tips, en, uiteraard, heerlijke recepten die altijd lukken. Ik wil *5 ingrediënten* met dit boek overtreffen en zelfs nog meer van jullie wensen vervullen. Welke hindernissen je ook tegenkomt – en reken maar dat je niet de enige bent –, het is mijn missie om je in dit boek oplossingen te bieden.

'IK HEB GEEN TIJD'

Er zitten maaltijden tussen die je in 10 minuten op tafel zet en pareltjes van slowcook- en eenpansgerechten met minimale voorbereiding, waarna de oven of het fornuis de rest van het werk doet.

'IK HEB GEEN INSPIRATIE... IK KOOK STEEDS HETZELFDE'

Met meer dan 120 recepten om uit te kiezen, van klassiek tot troostrijk, licht, stevig of gewoon waanzinnig spannend, zit er voor iedereen wat bij.

'IK HEB GEEN ZIN IN GEZOEK NAAR INGEWIKKELDE INGREDIËNTEN'

De meeste ingrediënten in dit boek zijn altijd en overal makkelijk te verkrijgen. Als het goed is, moet je alles onderweg van werk naar huis kunnen vinden.

'IK HAAT AL DIE AFWAS'

Wees gerust, lieve mensen, er zitten een heleboel ovenschotels en eenpanspareltjes tussen – de boel weer schoonmaken is een fluitje van een cent. Check blz. 11 maar eens.

'IK KAN NIET KOKEN'

Of je nou een volslagen beginner of een stoere keukenninja bent, deze recepten werken altijd – ze zijn stuk voor stuk kort, eenvoudig en, met een maximum van 8 ingrediënten, niet zo arbeidsintensief.

'IK WIL AFHALEN'

Als je per se takeaway wilt, moet je vooral bestellen, maar dit boek staat bomvol geniale fake-away-recepten die je beslist niet zullen tegenvallen. Zie bijvoorbeeld de menukaart op blz. 10.

VOOR DOORDEWEEKS & HET WEEKEND

Dan even over voeding. Ik wil dat dat je dit boek elke dag van de week kunt openslaan om uit te koken, vandaar dat 72 procent van de recepten wat betreft voedingswaarde onder de noemer alledaags valt en 28 procent voor af en toe is – een beetje de verhouding doordeweeks/weekend. De voedingswaarden staan onderaan elke recept vermeld, zodat je eenvoudig weloverwogen keuzes kunt maken.

BOODSCHAPPEN DOEN, VOORBEREIDEN & GO!

Ik hoop dat dit boek een plekje op je kookboekenplank krijgt. Dit is precies het soort eten waar ik thuis met mijn gezin van geniet, en dat jij hopelijk ook dagelijks voor jezelf en je dierbaren wilt klaarmaken. Blader erdoor en doe inspiratie op. Bekijk je recept, haal de ingrediënten in huis, bereid je goed voor en ga aan de slag! Ik ben razend benieuwd welke recepten jou het meest bevallen. Vergeet niet je foto's met #JAMIES7WAYS te taggen, zodat ik kan zien waar jullie mee bezig zijn. Veel plezier, mensen, en *happy cooking*!

SNELLE MAALTIJDINSPIRATIE

Dit boek is ingedeeld op 18 populaire ingrediënten, maar soms ben ik meer in de stemming voor een bepaald type gerecht. Daarom vind je hier een paar van mijn favoriete categorieën.

FAKE AWAYS

EENPANSWONDERS

UIT DE OVEN

SIMPELE PASTA'S

PRACHTIGE SALADES

SOEP & SANDWICHES

DE 7 X ANDERS-VOORRAADKAST

Ik beperk me hier tot vijf producten die ik als dagelijkse basisingrediënten beschouw. Zonder deze items is koken gewoon niet mogelijk, dus ik vind dat iedereen ze standaard in huis moet hebben. Hoewel mijn eigen voorraadkast tjokvol zit met van alles en nog wat, zijn dit vijf producten die in het hele boek terugkomen en die je voor vrijwel elk recept nodig hebt. Ze staan niet in de individuele ingrediëntenlijstjes omdat ik ervan uitga dat je goed voorbereid bent. Deze vijf helden zijn: olijfolie om in te bakken; extra vergine olijfolie voor dressings en om gerechten af te maken; rodewijnazijn als goede allrounder voor marinades, sauzen en dressing, en om gerechten een zuurtje te geven; en natuurlijk zeezout en zwarte peper. Haal ze in huis en ga aan de slag!

DE VRIEZER IS JE BESTE VRIEND

Voor de hedendaagse, drukbezette mens is een goedgevulde vriezer misschien wel zijn belangrijkste bondgenoot. Of het nou is om afzonderlijke ingrediënten vers te houden, of om afgemeten porties van bereide gerechten te bewaren, het spul ligt altijd voor het grijpen wanneer je het nodig hebt. Ik hoef dit waarschijnlijk niet te zeggen, maar hoewel het een fantastisch stukje techniek is, staat of valt alles natuurlijk met de kwaliteit van wat je erin stopt. Gekookte gerechten moet je voor het invriezen altijd goed laten afkoelen. Verdeel grotere ladingen in kleinere porties, dan versnel je het afkoelingsproces en kan het spul binnen 2 uur na het koken de vriezer in. Verpak alles luchtdicht en plak er duidelijke etiketten op. Laat eten voor gebruik in de koelkast ontdooien, en gebruik het binnen 48 uur. Ingevroren restjes die je hebt opgewarmd kun je beter niet opnieuw invriezen.

IETS OVER KEUKENGEREI

Ik heb ook geprobeerd het benodigde keukengerei beperkt te houden – met een stel steelpannen en ovenvaste koekenpannen met antiaanbaklaag, een grillpan, een ondiepe braadpan, snijplanken, een stuk of wat stevige braadsledes en een redelijke messenset zit je goed. Met sommige items maak je het jezelf – om tijd te besparen – een stuk makkelijker: een dunschiller, blokrasp en vijzel zijn fantastisch om gerechten textuur en extra smaak te geven, en een keukenmachine is natuurlijk altijd top – vooral als je haast hebt! De recepten zijn getest in heteluchtovens, maar online zijn genoeg conversietabellen te vinden voor conventionele ovens.

KWALITEIT BOVEN KWANTITEIT

Het succes van recepten is volledig afhankelijk van de kwaliteit van de gebruikte ingrediënten. Dat geldt eigenlijk altijd in de keuken, maar vooral in dit boek. Ik hoop dan ook dat de korte boodschappenlijstjes voor deze recepten je extra stimuleren om alleen voor absolute topkwaliteit vlees, vis en groenten te gaan. Houd daarbij in gedachten dat seizoenproducten gezonder, lekkerder en goedkoper zijn.

ZALIGE SMAAKMAKERS

Ik gebruik in dit boek een heleboel sausjes en pasta's, zoals mangochutney, currypasta, zwartebonensaus, teriyakisaus, misopasta en pesto. Allemaal dingen die tegenwoordig van topkwaliteit in de supermarkt verkrijgbaar zijn. Ze voegen veel smaak toe en besparen je een hoop tijd. De meeste zijn ook lang houdbaar, wat betekent dat je ze niet snel hoeft te gebruiken. Door de jaren heen ben ik in de pers vaak uitgemaakt voor valsspeler omdat ik deze ingrediënten gebruik, maar ze zijn juist geniaal! Ze helpen eten spannend te houden.

GENIET VAN VERSE KRUIDEN

Kruiden zijn voor elke kok een geschenk uit de hemel, en in plaats van ze te kopen kun je ze ook in eigen tuin of in bakken in de vensterbank kweken. Met kruiden kun je gerechten op smaak brengen, zodat je wat kunt minderen met zout, en dat is beter voor iedereen. Daarnaast zitten ze barstensvol belangrijke voedingsstoffen. Daar houden we van.

GEMENGDE GROENTEN

Ik gebruik in dit boek regelmatig zakken gemengde groenten. Die zijn fantastisch omdat je dankzij de mooie mix in een zakje veel smaak toevoegt en voedselverspilling helpt tegengaan. Bedenk wel dat roerbakpakketten vaak taugé bevatten, en dat je die niet rauw kunt eten. Serveer taugé altijd goed verhit!

VRIENDELIJK VLEES & EIEREN

Eigenlijk zouden we er allemaal naar moeten streven wat vaker puur plantaardige maaltijden met groenten, bonen en peulvruchten te eten, en wat minder vaak – maar dan wel van een betere kwaliteit – vlees. Koop het liefst alleen nog biologisch, scharrel- of vrije-uitloopvlees. Het moet afkomstig zijn van dieren die een goed leven in de buitenlucht hebben gehad, natuurlijk gedrag vertonen en gezond zijn. Hetzelfde geldt voor eieren en producten waar eieren in zitten, zoals noedels en pasta: ga voor vrije uitloop of biologisch.

FOCUS OP VIS

Vis is een zalige bron van eiwitten, maar meteen na de vangst begint het aftakelingsproces. Maak vis daarom altijd op de dag van aankoop klaar. Ik weet dat dat voor veel mensen nauwelijks te doen is, maar het is wel het best. Kun je verse vis niet dezelfde dag bereiden, vries hem dan meteen in. Je kunt ook topkwaliteit vis uit de diepvries, blik of een pot gebruiken. Kies wel voor duurzaam gevangen of geproduceerde vis – kijk of er een MSC-keurmerk op zit of vraag advies bij de viswinkel of op de visafdeling van de supermarkt. Probeer daarnaast zo veel mogelijk te variëren en houd ook rekening met de seizoenen. Als je alleen kweekvis kunt krijgen, kies dan voor vis met een ASC-keurmerk. Dan weet je dat hij verantwoord gekweekt is.

BEZUINIG NIET OP ZUIVEL

Ik kan niet vaak genoeg zeggen dat je bij dagelijkse zuivelproducten, zoals melk, yoghurt en boter, altijd voor biologisch moet gaan. Wel iets duurder, maar dan hebben we het over centen en niet over euro's, dus dat gaat wat makkelijker dan met vlees. Je weet: elke keer dat je voor biologisch gaat, kies je voor een voedselsysteem dat een hogere standaard van dierenwelzijn hanteert, waarbij beter voor zowel koe als land wordt gezorgd.

1 SUPERSIMPELE QUICHE MET BROCCOLI
LAAGJES FILO MET RODE PESTO, CHEDDAR & HÜTTENKÄSE

2 GEROOSTERDE BROCCOLI OP ROMESCO
ROMIGE LIMABONEN, GEROOKTE AMANDELEN, SARDINES & TOAST

3 ROMIGE RISOTTO MET BROCCOLI
SMEUÏGE GORGONZOLA, FRISSE CITROEN & PETERSELIEOLIE

4 BROCCOLI- & HALLOUMISALADE
LANGZAAM GEROOSTERDE KERSTOMAATJES, GOUDGELE PERZIK, MUNT & GRANEN

5 MINESTRONE MET BROCCOLI
ZOETE PREI, PANCETTA, ROZEMARIJN, PASTA, BONEN & PESTO

6 PIEROGI MET BROCCOLI & KAAS
SUPERSNELLE ZOETE KERSTOMAATJES & KNOFLOOKSAUS MET BIESLOOK

7 EENVOUDIGE PASTA MET BROCCOLI & TONIJN
CHILIVLOKKEN, ZOETE GEGRILDE PAPRIKA, ZWARTE OLIJVEN & PARMEZAAN

BROCCOLI

SUPERSIMPELE BROCCOLI-QUICHE

LAAGJES FILO MET RODE PESTO, CHEDDAR & HÜTTENKÄSE

VOOR 6 PERSONEN | BEREIDINGSTIJD 1 UUR EN 20 MINUTEN

1 stronk broccoli (375 g)

6 grote eieren

1 volle tl mosterd

300 g hüttenkäse

50 g cheddar of belegen Goudse kaas

3 el rode pesto

270 g filodeeg

Verwarm de oven voor op 180 °C. Snijd het harde uiteinde van de broccolisteel, rasp de rest van de steel grof en trek de roosjes los. Kluts de eieren in een kom en doe de mosterd, hüttenkäse en geraspte broccolisteel erbij. Rasp de cheddar erboven, voeg een snufje zeezout en zwarte peper toe en meng alles goed.

Maak de pesto aan met 3 eetlepels water. Leg twee vellen filodeeg zodanig in een met olie ingevette springvorm (25 cm doorsnede en 4 cm diep) dat ze in het midden overlappen. Kwast het deeg in met een beetje van het pestomengsel, en herhaal dit met de rest van het deeg en de pesto. Rol de overhangende randjes deeg slordig op en druk ze in de rand van de vorm, zoals op de foto. Giet de vulling in de vorm en druk de broccoliroosjes erin. Zet de vorm op een bakplaat en bak de quiche 50 minuten onder in de oven, of tot hij goudbruin en gestold is. Laat hem voor het serveren 10 minuten rusten.

ENERGIE	VET	VERZ. VET	EIWIT	KOOLHYD.	SUIKER	ZOUT	VEZELS
364 kcal	17,8 g	5,6 g	22,6 g	31,2 g	4,8 g	1,8 g	4,6 g

GEROOSTERDE BROCCOLI OP ROMESCO

ROMIGE LIMABONEN, GEROOKTE AMANDELEN, SARDINES & TOAST

VOOR 4 PERSONEN | BEREIDINGSTIJD 55 MINUTEN

2 stronken broccoli (375 g elk)

4 tenen knoflook

1 pot van 465 g geroosterde rode paprika

320 g rijpe, verschillend gekleurde kerstomaatjes

50 g gerookte amandelen

2 blikken van 400 g limabonen

5 sneetjes goed zuurdesembrood

2 blikjes van 120 g sardines

Verwarm de oven voor op 180 °C. Snijd het harde uiteinde van de broccolistelen, snijd de stronken in de lengte doormidden en leg ze in een braadslede. Pel de knoflook en snijd hem in dunne plakjes, scheur de uitgelekte paprika in stukjes, halveer de kerstomaatjes en verdeel alles over de broccoli. Schep er 1 eetlepel (van elk) rodewijnazijn en olijfolie en een snufje zeezout en zwarte peper door, leg de halve broccolistronken bovenop en bak alles 40 minuten in de oven.

Stamp ondertussen de helft van de amandelen fijn in een vijzel. Giet de limabonen met vocht en al in een kleine pan en laat ze 10 tot 15 minuten op matig-hoog vuur pruttelen, of tot het vocht ingekookt is. Leg de halve broccolistronken op een snijplank en giet de inhoud van de braadslede in een blender. Doe de rest van de amandelen erbij, scheur er 1 snee brood boven, pureer tot een gladde saus en breng hem perfect op smaak met wat rodewijnazijn en peper en zout. Rooster de rest van de sneetjes brood. Verdeel de romescosaus en bonen over warme borden en leg de geroosterde halve broccolistronken erop. Strooi de gestampte amandelen erover en geef de sardines en geroosterde broodjes er apart bij.

ENERGIE	VET	VERZ. VET	EIWIT	KOOLHYD.	SUIKER	ZOUT	VEZELS
563 kcal	20,9 g	3,6 g	39,1 g	53,5 g	11,8 g	1,7 g	17,3 g

ROMIGE RISOTTO MET BROCCOLI

SMEUÏGE GORGONZOLA, FRISSE CITROEN & PETERSELIEOLIE

VOOR 4 PERSONEN | BEREIDINGSTIJD 40 MINUTEN

1,5 liter groente- of kippenbouillon

1 stronk broccoli (375 g)

1 ui

2 ansjovisfilets in olie

300 g risottorijst

½ bos bladpeterselie (15 g)

1 citroen

60 g gorgonzola

Breng de bouillon op laag vuur zachtjes aan de kook. Snijd het harde uiteinde van de broccolisteel, snijd de roosjes in kleine stukjes en hak de steel fijn. Pel en snipper de ui en bak hem met de gehakte broccolisteel en 1 eetlepel olijfolie in een diepe pan op matig vuur 10 minuten, of tot ze zacht zijn. Voeg al roerend de ansjovis erdoor, gevolgd door de rijst, en bak nog 2 minuten. Schep er een soeplepel bouillon bij en wacht al roerend tot het vocht volledig geabsorbeerd is voordat je een nieuwe lepel toevoegt. Na in totaal 16 tot 18 minuten is de rijst gaar. Roer halverwege de gehakte broccoliroosjes erdoor. Strooi ondertussen de geplukte bovenste helft van de peterselie in een vijzel, voeg een snufje zout toe en maal tot een pasta. Pers de helft van de citroen erboven uit en werk er 2 eetlepels extra vierge olijfolie door.

Verkruimel het grootste deel van de kaas boven de risotto, pers de rest van de citroen erboven uit, klop alles goed door elkaar en voeg naar smaak peper en zout toe. Voeg een extra lepel bouillon toe om de risotto flink smeuïg te maken, en zet het vuur uit. Leg een deksel op de pan en laat 2 minuten rusten. Verkruimel de rest van de kaas erboven, besprenkel met de peterselieolie en ga aan tafel.

ENERGIE	VET	VERZ. VET	EIWIT	KOOLHYD.	SUIKER	ZOUT	VEZELS
478 kcal	16,5 g	4,5 g	15,8 g	70,8 g	4,9 g	1,3 g	5,8 g

BROCCOLI & HALLOUMISALADE

LANGZAAM GEROOSTERDE KERSTOMAATJES, GOUDGELE PERZIK, MUNT & GRANEN

VOOR 4 PERSONEN | BEREIDINGSTIJD 1 UUR EN 10 MINUTEN

320 g rijpe, verschillend gekleurde kerstomaatjes

1 stronk broccoli (375 g)

1 blik van 410 g halve perziken op siroop

100 g halloumi

2 pakjes van 250 g gemengde gekookte granen

8 verschillend gekleurde olijven

½ bos munt (15 g)

4 el biologische yoghurt

Verwarm de oven voor op 140 °C. Halveer de kerstomaatjes, schep ze om met 1 eetlepel olijfolie en een snufje zeezout en zwarte peper, en leg ze met de snijkant naar boven in een braadslede. Rooster ze 1 uur op lage temperatuur, of tot ze zacht en sticky zijn.

Snijd ondertussen het harde uiteinde van de broccolisteel. Kook de losgetrokken roosjes 5 minuten in een pan kokend water, giet ze af en snijd de steel met een dunschiller in flinterdunne plakjes. Meng 2 eetlepels (van elk) perziksiroop, extra vierge olijfolie en rodewijnazijn, en maak de broccoli aan met de helft van deze dressing. Zet een grote koekenpan met antiaanbaklaag met de halloumi, de uitgelekte halve perziken en de broccoliroosjes op matig-hoog vuur. Laat alles goudbruin worden terwijl je de granen volgens de aanwijzingen op de verpakking opwarmt. Kneus en ontpit de olijven. Maak de granen op een schaal aan met de rest van de dressing. Scheur de halloumi en grotere muntblaadjes in stukjes, verdeel alles over de granen en lepel de yoghurt erover.

ENERGIE	VET	VERZ. VET	EIWIT	KOOLHYD.	SUIKER	ZOUT	VEZELS
456 kcal	20,9 g	6,9 g	17,2 g	48,7 g	13 g	2 g	9,2 g

MINESTRONE MET BROCCOLI

ZOETE PREI, PANCETTA, ROZEMARIJN, PASTA, BONEN & PESTO

VOOR 4 PERSONEN | BEREIDINGSTIJD 40 MINUTEN

4 plakken gerookte pancetta

4 takjes rozemarijn

2 preien

1 stronk broccoli (375 g)

150 g willekeurige restjes pasta

1 blik van 400 g gemengde bonen

1,5 liter groente- of kippenbouillon

4 volle tl groene pesto

Snijd de pancetta in reepjes en bak ze in een grote, koude braadpan op matig vuur. Voeg wanneer ze beginnen te sissen 1 eetlepel olijfolie toe, strooi de geriste rozemarijnnaaldjes erover en blijf regelmatig roeren. Maak de preien schoon. Snijd ze in de lengte doormidden, was ze goed, snijd ze in 1 cm brede stukjes en roer ze door de pancetta. Verwijder het harde uiteinde van de broccolisteel en rasp de rest met een grove rasp boven de pan. Zet het vuur laag en blijf 10 minuten regelmatig roeren, of tot alles zacht is. Snijd de broccoliroosjes in kleine stukjes en doe ze met de pasta in de pan. Giet de bonen er met vocht en al bij, gevolgd door de bouillon. Breng aan de kook en laat afgedekt 10 tot 15 minuten pruttelen. Breng de soep op smaak, verdeel hem over warme kommen, schep er een lepel pesto bij en smullen maar.

ENERGIE	VET	VERZ. VET	EIWIT	KOOLHYD.	SUIKER	ZOUT	VEZELS
390 kcal	15,9 g	2,6 g	18,4 g	43,2 g	5,2 g	0,6 g	7,9 g

PIEROGI MET BROCCOLI & KAAS

SUPERSNELLE ZOETE KERSTOMAATJES & KNOFLOOKSAUS MET BIESLOOK

VOOR 2 PERSONEN | BEREIDINGSTIJD 50 MINUTEN

100 g zelfrijzend bakmeel, plus extra om te bestuiven

1 groot ei

1 stronk broccoli (375 g)

25 g cheddar of belegen Goudse kaas

½ bos bieslook (10 g)

1 el zure room

2 tenen knoflook

1 blik van 400 g kerstomaatjes

Meng het meel, ei en een snufje zeezout tot een glad deeg en voeg zo nodig wat water toe. Kneed het deeg 2 minuten op een met meel bestoven werkvlak, dek af en zet in de koelkast. Verwijder het harde stuk van de broccolisteel. Trek de roosjes los, halveer de grotere en snijd de steel in blokjes van 2 cm. Houd een derde van de roosjes apart en kook de rest 8 minuten met de blokjes steel in een pan kokend water. Giet ze af, prak ze fijn en rasp de kaas erboven. Hak de bieslook fijn en doe de helft erbij. Roer de zure room erdoor, voeg naar smaak peper en zout toe en laat afkoelen. Pel de knoflook en snijd hem in dunne plakjes. Verdeel het deeg in acht porties, rol ze uit tot ronde lapjes van 14 cm doorsnede en bestuif met wat meel. Verdeel de vulling over de ene helft van de lapjes. Kwast het deeg in met water, vouw het over de vulling heen en knijp de randen in plooitjes dicht, zoals op de foto.

Zet een grote koekenpan met antiaanbaklaag met ½ eetlepel olijfolie, de pierogi en de apart gehouden broccoliroosjes op matig vuur. Giet er 1 cm kokend water uit de waterkoker bij en stoom afgedekt 4 minuten. Haal de deksel van de pan en bak de pierogi en broccoli 4 minuten aan een kant, of tot het water verdampt is en ze van onderen goudbruin zijn. Doe ondertussen de plakjes knoflook met 1 theelepel olie in de pan van de blokjes broccolisteel. Roer tot ze licht goudbruin zijn, doe de kerstomaatjes erbij, laat 2 minuten pruttelen en voeg naar smaak peper en zout toe. Serveer alles bij elkaar en strooi de rest van de bieslook erover.

ENERGIE	VET	VERZ. VET	EIWIT	KOOLHYD.	SUIKER	ZOUT	VEZELS
402 kcal	14,7 g	5,5 g	22,2 g	48,4 g	9,5 g	1,5 g	8,1 g

EASY PASTA MET BROCCOLI & TONIJN

CHILIVLOKKEN, ZOETE GEGRILDE PAPRIKA, ZWARTE OLIJVEN & PARMEZAAN

VOOR 4 PERSONEN | BEREIDINGSTIJD 25 MINUTEN

- 1 stronk broccoli (375 g)
- 4 tenen knoflook
- ½ tl chilivlokken
- 1 pot van 280 g gemengde geroosterde paprika
- 8 zwarte olijven
- 300 g fusilli
- 40 g parmezaan
- 1 blik van 145 g tonijnmoot in water

Verwijder het harde uiteinde van de broccolisteel. Snijd de roosjes in kleine stukjes en hak de steel fijn. Bak ze in 1 eetlepel olijfolie in een grote, ondiepe braadpan op matig vuur. Pel de knoflook, snijd hem in plakjes en doe hem met de chilivlokken bij de broccoli. Laat de paprika uitlekken en doe hem erbij. Ontpit de olijven, scheur ze in stukjes, voeg ze toe en bak alles 10 minuten onder regelmatig roeren.

Kook de pasta ondertussen volgens de aanwijzingen op de verpakking in een pan gezouten kokend water, giet af en houd een kopje van het kookwater apart. Doe de pasta bij de broccoli in de pan, rasp het grootste deel van de parmezaan erboven, schep alles goed door elkaar en maak het smeuïg met een scheutje van het kookwater. Laat de tonijn uitlekken, trek de vis in vlokken en doe ze erbij. Voeg naar smaak peper en zout toe, schep nog een keer om, rasp de rest van de parmezaan erboven en ga aan tafel.

ENERGIE	VET	VERZ. VET	EIWIT	KOOLHYD.	SUIKER	ZOUT	VEZELS
487 kcal	17,4 g	3,9 g	26,1 g	62,5 g	5,3 g	1,5 g	5 g

1 **BLOEMKOOLREMOULADE**
CRISPY KIP, TIJM, UITJES & BAGUETTE

2 **PASTA MET BLOEMKOOL-KAASSAUS**
ROMIGE SAUS, CRISPY BROODKRUIMELS MET KNOFLOOK & BLOEMKOOLBLAD

3 **BLOEMKOOL-KIKKERERWTENCURRY**
KOKOSMELK, TOMATEN, VLUG HANDGEMAAKT PLATBROOD & MUNT

4 **POT PIE MET BLOEMKOOL & KIP**
GEROOKTE PANCETTA, ZOETE KERSTOMAATJES & BLADERDEEG

5 **HARISSABLOEMKOOL UIT DE OVEN**
PAPRIKA & TOMATEN, LUCHTIGE COUSCOUS & MUNTYOGHURT

6 **PIKANTE BLOEMKOOL-RIJSTTAART**
PAPADUMS, UIEN, VERSE PEPER, KORIANDER & YOGHURT

7 **ROMIGE BLOEMKOOLRISOTTO**
ZACHTE PROSCIUTTO, GEROOSTERDE BLOEMKOOL, CRISPY TIJM & PARMEZAAN

BLOEMKOOL

BLOEMKOOLREMOULADE

CRISPY KIP, TIJM, UITJES & BAGUETTE

VOOR 2 PERSONEN | BEREIDINGSTIJD 45 MINUTEN

2 kippenbouten

1 ui

½ bos tijm (10 g)

50 g gemengde cornichons en zilveruitjes uit een pot

2 volle el biologische yoghurt

1 tl grove mosterd

½ bloemkool (400 g)

¼ goede Franse baguette

Verwarm de oven voor op 180 °C. Leg de kippenbouten op het vel in een strak passende, ovenbestendige pan met antiaanbaklaag op matig vuur om ze lekker crispy te maken. Pel de ui, snijd hem in 1 cm dikke ringen, doe ze in de pan en blijf 10 minuten regelmatig roeren. Roer de takjes tijm en 2 eetlepels rodewijnazijn erdoor, draai de kippenbouten met het vel naar boven, zet ze 30 minuten in de oven en bedruip ze halverwege met het braadvet.

Hak ondertussen de cornichons en zilveruitjes fijn, doe ze met 1 eetlepel van het zoetzure vocht uit de pot en de yoghurt en mosterd in een grote kom, meng goed en breng op smaak. Snijd de bloemkool en de mooie blaadjes in flinterdunne plakjes en reepjes – liefst op een mandoline (met beschermkapje!) – of rasp ze grof. Maak de bloemkool aan met de dressing en verdeel hem over de borden. Snijd de baguette in dikke sneetjes, leg ze de laatste 10 minuten op de kip om krokant te laten worden en zet alles op tafel.

ENERGIE	VET	VERZ. VET	EIWIT	KOOLHYD.	SUIKER	ZOUT	VEZELS
534 kcal	22,2 g	6,5 g	37,6 g	48 g	16,2 g	1,3 g	8 g

PASTA MET BLOEMKOOL & KAAS

ROMIGE SAUS, CRISPY BROODKRUIMELS MET KNOFLOOK & BLOEMKOOLBLAD

VOOR 4 PERSONEN | BEREIDINGSTIJD 30 MINUTEN

100 g oudbakken zuurdesembrood

2 tenen knoflook

½ bloemkool (400 g)

1 ui

400 ml halfvolle melk

300 g spaghetti

70 g cheddar of belegen Goudse kaas

Scheur het brood in stukjes en doe ze in een keukenmachine. Pel de knoflook en doe hem bij het brood. Scheur de mooie blaadjes van de bloemkool in stukjes en doe ze erbij. Voeg ½ eetlepel olijfolie toe, hak het geheel tot vrij fijne kruimels en kieper die in een grote koekenpan met antiaanbaklaag op matig vuur. Blijf 15 minuten regelmatig roeren, of tot ze goudbruin en krokant zijn. Pel ondertussen de ui en snijd hem met de bloemkool (met steel en al) in grove stukjes.

Doe de krokante kruimels in een kom en zet de pan terug op het vuur. Voeg de melk, ui en bloemkool toe, breng tot net aan de kook, zet het vuur laag en laat afgedekt pruttelen. Kook ondertussen de pasta volgens de aanwijzingen op de verpakking in een pan gezouten kokend water. Giet vlak voordat de pasta gaar is het bloemkoolmengsel in de keukenmachine (afwassen is niet nodig), rasp de kaas erboven en pureer tot een supergladde saus. Voeg naar smaak peper en zout toe en giet de saus terug in de pan. Giet de pasta af en houd een kopje van het kookwater apart. Schep de pasta door de saus, voeg zo nodig een scheutje van het kookwater toe en serveer de crispy kruimels er apart bij om eroverheen te strooien.

ENERGIE	VET	VERZ. VET	EIWIT	KOOLHYD.	SUIKER	ZOUT	VEZELS
450 kcal	11,5 g	4,3 g	18,9 g	75,4 g	8,8 g	0,6 g	5 g

BLOEMKOOL-KIKKERERWTENCURRY

KOKOSMELK, TOMATEN, VLUG HANDGEMAAKT PLATBROOD & MUNT

VOOR 6 PERSONEN | BEREIDINGSTIJD 50 MINUTEN

1 extra grote bloemkool (1,2 kg)

2 volle el korma-currypasta

375 g zelfrijzend bakmeel

2 blikken van 400 g kikkererwten

1 blik van 400 ml kokosmelk light

500 g rijpe tomaten

1 bos munt (30 g)

1 volle el mangochutney

Verwarm de oven voor op 220 °C. Snijd de bloemkool in roosjes van 1-2 cm, snijd de steel in dunne plakjes, zoek de mooie blaadjes uit en gooi alles in een zware, diepe braadslede. Schep de bloemkool om met de currypasta en 1 eetlepel olijfolie, en zet 30 minuten in de oven, of tot alles goudbruin en krokant is. Strooi het meel ondertussen met een snufje zout in een kom, giet er langzaam 200 ml water bij en meng er een deeg van. Kneed het deeg 2 minuten op een met meel bestoven werkvlak, rek het uit tot een dikte van 1 cm, druk er met je vingertoppen kuiltjes in en laat het rusten.

Zet de grill op de hoogste stand. Zet de braadslede met bloemkool op het fornuis en doe de kikkererwten (met het vocht van 1 blik) en kokosmelk erbij. Snijd de tomaten in grove stukjes, doe ze erbij en laat alles 10 minuten pruttelen onder af en toe roeren. Kwast het deeg ondertussen in met 1 eetlepel olie, leg het direct op het rooster van je grill en rooster het 10 minuten, of tot het goudbruin is (houd het goed in de gaten). Hak de bovenste helft van de bos munt grof (houd een paar kleine blaadjes apart), roer de gehakte munt met de mangochutney door de curry en voeg naar smaak peper en zout toe. Strooi de kleine muntblaadjes erover en serveer het platbrood er apart bij om te dopen.

ENERGIE	VET	VERZ. VET	EIWIT	KOOLHYD.	SUIKER	ZOUT	VEZELS
500 kcal	14 g	5,1 g	17,3 g	77,1 g	14,5 g	1,7 g	11,2 g

POT PIE MET BLOEMKOOL & KIP

GEROOKTE PANCETTA, ZOETE KERSTOMAATJES & BLADERDEEG

VOOR 4 PERSONEN | BEREIDINGSTIJD 50 MINUTEN

1 bloemkool (800 g)

1 rode ui

4 kippendijfilets

4 plakjes gerookte pancetta

160 g rijpe kerstomaatjes

1 volle tl grove mosterd

2 volle tl heldere honing

1 vel van 320 g roomboterbladerdeeg (koud)

Verwarm de oven voor op 220 °C. Trek de verlepte blaadjes van de bloemkool, gooi ze weg en snijd de rest van de bloemkool in kwarten. Blancheer de kwarten 5 minuten in een pan kokend water en laat ze uitlekken. Pel ondertussen de ui en snijd hem in zes parten. Snijd de kippendijen doormidden. Doe de stukken kip en ui met 1 eetlepel olijfolie, een snufje zeezout en flink wat zwarte peper in een ovenbestendige koekenpan met antiaanbaklaag (28 cm doorsnede) op matig-hoog vuur; blijf regelmatig roeren tot ze licht goudbruin zijn.

Doe de bloemkool bij de kip in de pan, blijf alles 5 minuten omscheppen en schuif de boel dan aan de kant om de plakjes pancetta krokant te bakken. Voeg nu de tomaatjes, mosterd, honing en 1 eetlepel rodewijnazijn toe, en meng alles goed. Rol wanneer alles mooi goudbruin is het deeg uit totdat het net zo groot is als de pan, leg het op de pan en druk het met een houten lepel in de rand. Bak de pot pie 25 minuten onder in de oven, of tot hij goudbruin en opgeblazen is. Trek een paar ovenwanten aan, leg een groot bord omgekeerd op de pan, stort de pie met een vloeiende beweging op het bord en zet hem op tafel.

ENERGIE	VET	VERZ. VET	EIWIT	KOOLHYD.	SUIKER	ZOUT	VEZELS
615 kcal	34,6 g	16,9 g	30,3 g	45,7 g	14,7 g	1,4 g	6,3 g

HARISSA-BLOEMKOOL UIT DE OVEN

PAPRIKA & TOMATEN, LUCHTIGE COUSCOUS & MUNTYOGHURT

VOOR 4 PERSONEN | BEREIDINGSTIJD 1 UUR EN 20 MINUTEN

1 bloemkool (800 g)

3 verschillend gekleurde paprika's

400 g rijpe tomaten

1 bol knoflook

2 volle el rozenharissa

300 g couscous

1 bos munt (30 g)

8 el biologische yoghurt

Verwarm de oven voor op 220 °C. Trek de verlepte blaadjes van de bloemkool, gooi ze weg en snijd de rest van de bloemkool in kwarten. Snijd de paprika's in kwarten, de tomaten doormidden en verwijder de zaadjes. Haal de tenen knoflook los. Meng alles met 2 eetlepels (van elk) olijfolie en rodewijnazijn, de harissa, een snufje zeezout en zwarte peper en een flinke scheut water in een grote, zware braadslede. Dek de slede strak af met aluminiumfolie, zet hem op matig vuur op het fornuis en zet hem wanneer de boel begint te sissen 40 minuten in de oven.

Haal de slede uit de oven, verwijder de folie, houd de slede schuin en schep het heerlijke vocht in een kan voor later. Zet de slede nog 20 minuten terug in de oven, tot alles goudbruin is. Doe de couscous in een kom, voeg een snufje peper en zout toe, giet er zo veel kokend water bij dat de korrels net onderstaan en dek de kom af. Pluk de meeste muntblaadjes, doe ze in een blender en pureer ze met 6 eetlepels yoghurt. Marmer het groene mengsel vervolgens door de rest van de yoghurt. Roer de couscous los met een vork. Warm het apart gehouden vocht uit de slede op. Knijp de geroosterde tenen knoflook uit hun jasje. Serveer alles bij elkaar en strooi er een paar kleine muntblaadjes over.

ENERGIE	VET	VERZ. VET	EIWIT	KOOLHYD.	SUIKER	ZOUT	VEZELS
513 kcal	14 g	2,7 g	18,9 g	82,4 g	19,2 g	1,4 g	10,8 g

SPICY BLOEMKOOL-RIJSTTAART

PAPADUMS, UIEN, VERSE PEPER, KORIANDER & YOGHURT

VOOR 6 PERSONEN | BEREIDINGSTIJD 45 MINUTEN

2 uien

1 bloemkool (800 g)

3 el tikka-currypasta

1 mok basmatirijst (300 g)

3 verse, verschillend gekleurde pepers

6 ongebakken papadums

1 bos koriander (30 g)

6 el biologische yoghurt

Pel de uien, hak ze fijn en zet ze met 1 eetlepel olijfolie en een scheutje water in een koekenpan met antiaanbaklaag (28 cm doorsnede) op matig vuur. Bak ze in ongeveer 10 minuten goudbruin onder regelmatig roeren. Snijd de bloemkool in roosjes van 2 cm, snijd de steel en mooie blaadjes in dunne plakjes en reepjes, doe ze met de currypasta bij de ui in de pan en blijf 5 minuten regelmatig roeren. Voeg 1 mok rijst en 2 mokken kokend water uit de waterkoker (600 ml) toe. Prik gaatjes in de hele pepers en doe ze erbij. Breek de papadums in stukjes en voeg ze toe. Pluk de korianderblaadjes en voeg het grootste deel toe. Roer goed, voeg zeezout en zwarte peper toe en laat de curry afgedekt 15 minuten op matig-laag vuur pruttelen.

Na 15 minuten heeft de rijst al het vocht geabsorbeerd. Haal de deksel van de pan, sprenkel 3 eetlepels olie langs de rand en druk alles aan met een aardappelstamper. Zet het vuur laag en bak de taart nog 5 minuten om hem een prachtig goudbruin, krokant korstje te geven. Laat hem 10 minuten afgedekt rusten en steek de rand dan voorzichtig los met een spatel. Stort de taart voorzichtig op een snijplank of schaal en strooi de rest van de korianderblaadjes erover. Kruid de yoghurt met zwarte peper, sprenkel er een beetje extra vierge olijfolie over en zet hem in een kommetje op tafel.

ENERGIE	VET	VERZ. VET	EIWIT	KOOLHYD.	SUIKER	ZOUT	VEZELS
279 kcal	13,1 g	2,2 g	7,9 g	33,3 g	7,5 g	4,5 g	1 g

ROMIGE BLOEMKOOLRISOTTO

ZACHTE PROSCIUTTO, GEROOSTERDE BLOEMKOOL, CRISPY TIJM & PARMEZAAN

VOOR 4 PERSONEN | BEREIDINGSTIJD 45 MINUTEN

1 ui

20 g boter

½ bloemkool (400 g)

½ bos tijm (10 g)

1,2 liter groente- of kippenbouillon

250 g risottorijst

50 g parmezaan

4 plakjes prosciutto

Verwarm de oven voor op 200 °C. Pel de ui en hak hem fijn in een keukenmachine. Schep hem in een grote braadpan met 1 eetlepel olijfolie en de helft van de boter op laag vuur; roer regelmatig. Snijd de bloemkool in mooie roosjes van 1 cm, schep ze om met ½ eetlepel olie, spreid ze uit op een bakplaat en rooster ze 20 minuten in de oven. Strooi 5 minuten voor tijd de geriste tijmblaadjes erover. Gooi alle snijresten, de steel en de mooie blaadjes van de bloemkool in de keukenmachine en hak ze fijn.

Breng de bouillon op laag vuur zachtjes aan de kook. Roer de rijst en het gehakte bloemkoolmengsel door de uienpuree in de pan, zet het vuur op matig-hoog, en rooster ze 2 minuten. Schep er een soeplepel bouillon bij en wacht al roerend tot het vocht volledig geabsorbeerd is voordat je een nieuwe lepel toevoegt. Na in totaal 16 tot 18 minuten is de rijst gaar. Voeg een extra lepel bouillon toe om de risotto flink smeuïg te maken, rasp de parmezaan erboven, roer de rest van de boter erdoor, voeg naar smaak peper en zout toe en zet het vuur uit. Leg een deksel op de pan en laat de risotto 2 minuten rusten. Bestrooi elke portie met de geroosterde bloemkool en tijmblaadjes, drapeer de plakjes prosciutto erop, sprenkel er een scheutje extra vierge olijfolie over en rasp er naar keuze nog wat extra parmezaan boven.

ENERGIE	VET	VERZ. VET	EIWIT	KOOLHYD.	SUIKER	ZOUT	VEZELS
449 kcal	16,8 g	6,9 g	17,2 g	61,1 g	6,2 g	2,5 g	4,1 g

AVOCADO

AVOCADOHOLLANDAISE

GESTOOMDE WITVIS, ASPERGES & CITROEN

VOOR 2 PERSONEN | BEREIDINGSTIJD 15 MINUTEN

1 bundel dikke groene asperges (350 g)

2 x 150 g stevige witvisfilet, zonder huid en graten

2 lente-uitjes

1 citroen

½ bos dragon (10 g)

1 heel rijpe avocado

1 groot ei

Giet 1 cm water in een grote, koude pan. Breek het houtachtige uiteinde van de asperges, schik ze in de pan en leg de visfilets erop. Zet de pan op hoog vuur, leg er een deksel op en stoom de asperges en vis 5 minuten, of tot de vis net gaar is. Maak ondertussen de lente-uitjes schoon en snijd het groene deel in grove stukjes. Doe ze met sap van ½ citroen, 1 theelepel rodewijnazijn, een snufje zeezout en zwarte peper en 100 ml water in een kleine pan op hoog vuur en breng aan de kook. Strooi de helft van de geplukte dragonblaadjes in een blender. Halveer de avocado, verwijder de pit en schep het vruchtvlees in de blender. Splits het ei en doe de eidooier erbij. Giet het hete lente-uitjesmengsel erbij, pureer tot een gladde saus en voeg naar smaak peper en zout toe. Snijd het wit van de lente-uitjes in dunne ringetjes en meng ze met de rest van de dragonblaadjes.

Serveer de vis en asperges met de avocadohollandaise en maak de porties af met wat dragon en lente-ui en een paar drupjes extra vierge olijfolie. Geef er partjes citroen bij om over uit te knijpen.

ENERGIE	VET	VERZ. VET	EIWIT	KOOLHYD.	SUIKER	ZOUT	VEZELS
304 kcal	15,5 g	3,4 g	35,8 g	5,3 g	4,1 g	0,8 g	1,9 g

QUICHE VAN AVOCADODEEG

DOPERWTEN, CHEDDAR & BASILICUMVULLING, GEMENGDE BLAADJES

VOOR 6 PERSONEN | BEREIDINGSTIJD 1 UUR

2 rijpe avocado's

400 g zelfrijzend bakmeel, plus extra om te bestuiven

6 grote eieren

300 g diepvriesdoperwten

90 g cheddar of belegen Goudse kaas

½ bos basilicum (15 g)

100 g gemengde salade

1 citroen

Halveer de avocado's, verwijder de pitten en schil ze. Weeg het vruchtvlees af – voor de juiste verhouding heb je 200 g nodig (als je niet genoeg hebt, vul je het gewoon aan met extra vierge olijfolie). Prak het vruchtvlees in een grote kom en werk dan geleidelijk het meel, een snufje zeezout en 4 eetlepels koud water erdoor tot je een deeg hebt. Kneed het deeg glad, wikkel het in plasticfolie en laat het 15 minuten rusten. Breek de eieren voor de vulling in een blender en doe de doperwten en de meeste cheddar erbij. Doe de geplukte bovenste helft van de bos basilicum erbij, voeg een snufje zout en zwarte peper toe en pureer tot een glad mengsel.

Verwarm de oven voor op 200 °C. Rol het avocadodeeg op een met meel bestoven werkvlak uit tot iets minder dan ½ cm dikte. Wikkel het losjes om een deegroller, rol het uit over een met olie ingevet bakblik van 25 x 35 cm, druk het in de randen en prik gaatjes in de bodem. Scheur overhangende stukjes af en bak de bodem 10 minuten, of tot hij licht goudbruin is. Giet nu de vulling in de bodem, bak de quiche 15 minuten, of tot de vulling gestold is, en rasp de rest van de kaas erboven. Maak de slablaadjes aan met extra vierge olijfolie, citroensap en peper en zout, en strooi ze voor het serveren over de quiche.

ENERGIE	VET	VERZ. VET	EIWIT	KOOLHYD.	SUIKER	ZOUT	VEZELS
764 kcal	52,6 g	11,3 g	21 g	55,9 g	2,4 g	1,1 g	4,9 g

AVOCADOTEMPURA

DIPSAUS VAN ZOETE PAPRIKA & ROZENHARISSA

VOOR 2 PERSONEN | BEREIDINGSTIJD 20 MINUTEN

100 g rijstebloem

100 g geroosterde rode paprika uit een pot

2 tl rozenharissa

2 el biologische yoghurt

4 lente-uitjes

1 grote rijpe avocado

4 takjes bladpeterselie

1 limoen

Klop de rijstebloem met een snufje zeezout en 150 ml water tot een glad beslag. Pureer de uitgelekte paprika's met de harissa en de helft van de yoghurt in een blender tot een gladde saus en breng op smaak. Maak de lente-uitjes schoon en snijd ze doormidden. Snijd de avocado doormidden verwijder de pit, schep de helften uit de schil en snijd beide helften in 4 partjes.

Zet een grote, zware pan met 2 cm olijfolie op hoog vuur. Check met een keukenthermometer of de olie op temperatuur is (170 °C), of gooi er een stukje afsnijdsel van de lente-uitjes in en wacht tot het stukje goudbruin wordt – dan is de temperatuur goed. Doop nu een voor een de stukjes avocado, lente-uitjes en peterselie in het beslag, laat ze even uitlekken, laat ze voorzichtig in de olie zakken en keer ze met een keukentang om wanneer ze goudbruin zijn. Laat ze op een stuk keukenpapier uitlekken en strooi er voor het serveren een beetje zout op. Marmer de overgebleven yoghurt door het paprikamengsel, als dipsaus, en geef er partjes limoen bij om uit te knijpen.

ENERGIE	VET	VERZ. VET	EIWIT	KOOLHYD.	SUIKER	ZOUT	VEZELS
487 kcal	30,7 g	5,5 g	6 g	45 g	4 g	1 g	1,8 g

TOSTI MET AVOCADO & KIKKERERWTEN

VERWARMENDE HARISSA, KOELE HÜTTENKÄSE & PARMEZAAN

VOOR 2 PERSONEN | BEREIDINGSTIJD 25 MINUTEN

1 grote rijpe avocado

15 g parmezaan

2 plakjes bruinbrood

2 volle tl rozenharissa, plus extra voor erbij

2 volle el hüttenkäse

2 volle el uitgelekte kikkererwten uit een pot

Dit recept is compleet gestoord, maar geloof me, het is ook waanzinnig lekker. Zet de grill op de hoogste stand. Halveer de avocado, verwijder de pit en schep het vruchtvlees op een snijplank. Rasp de parmezaan erboven, prak er met een vork een superglad mengsel van en breng op smaak met zeezout en zwarte peper. Rooster de broodjes licht.

Besmeer de broodjes van hoek tot hoek met de harissa en schep de hüttenkäse in het midden. Verdeel de avocado met een mes in een dikke laag op de hüttenkäse en de broodjes, en druk de kikkererwten erin. Leg de broodjes op een bakplaat, sprenkel er 1 theelepel olijfolie over en zet ze 10 tot 15 minuten onder de grill, of tot de kikkererwten licht goudbruin zijn. Schep er nog wat extra kloddertjes harissa op en zet op tafel.

ENERGIE	VET	VERZ. VET	EIWIT	KOOLHYD.	SUIKER	ZOUT	VEZELS
424 kcal	22,1 g	5,9 g	19,4 g	35,5 g	3,6 g	0,9 g	8,6 g

AVOCADOCAESAR

ULTIEME BROODKRUIMELS, KNAPPERIGE SLA & GESCHAAFDE PARMEZAAN

VOOR 4 PERSONEN | BEREIDINGSTIJD 20 MINUTEN

80 g knoflookbrood

4 ansjovisfilets in olie

2 kroppen romaine (bindsla)

4 el biologische yoghurt

1 volle tl dijonmosterd

1 el worcestersaus

2 rijpe avocado's

30 g parmezaan

Scheur het knoflookbrood in stukjes en doe ze in een keukenmachine. Voeg de ansjovis toe en hak er grove, gelijkmatige kruimels van. Kieper ze in een grote koekenpan met antiaanbaklaag op matig vuur en bak ze tot ze prachtig goudbruin zijn; schep regelmatig om.

Was ondertussen de sla, trek de buitenste vijf bladeren van de kroppen, scheur ze in kleinere stukken en doe ze in de keukenmachine. Voeg de yoghurt, mosterd, worcestersaus en 1 eetlepel rodewijnazijn toe. Halveer de avocado's, verwijder de pitten en schep het vruchtvlees van ½ avocado in de machine. Pureer tot een gladde dressing en breng op smaak met peper en zout. Snijd de rest van de sla in reepjes, spreid ze uit op een grote schaal en schep de dressing erover. Snijd de rest van de avocado in plakjes en schaaf de parmezaan met een dunschiller. Strooi de hete, krokante kruimels over de sla, leg de plakjes avocado erop en maak de salade af met de geschaafde parmezaan.

ENERGIE	VET	VERZ. VET	EIWIT	KOOLHYD.	SUIKER	ZOUT	VEZELS
241 kcal	16,9 g	5,9 g	8,6 g	14,5 g	5 g	1,3 g	2,4 g

PRACHTIGE AVOCADO UIT DE OVEN

GEVULD MET ROMIGE GARNALEN & KAAS, OP EEN BEDJE VAN TOMATEN

VOOR 4 PERSONEN | BEREIDINGSTIJD 25 MINUTEN

500 g rijpe, verschillend gekleurde tomaten

2 rijpe avocado's

60 g cheddar of belegen Goudse kaas

100 g halfvolle crème fraîche

150 g gekookte kleine garnalen, gepeld

cayennepeper

4 sneetjes goed zuurdesembrood

Verwarm de oven voor op 200 °C. Snijd de tomaten in ½ cm dikke plakjes en leg ze netjes in een ovenbestendige koekenpan met antiaanbaklaag (30 cm doorsnede). Besprenkel met 1 eetlepel olijfolie en strooi er een snufje zeezout en zwarte peper over. Halveer de avocado's, verwijder de pitten, schep de halve vruchten uit de schillen en leg ze op de plakjes tomaat. Rasp het grootste deel van de kaas boven een kom en meng met de crème fraîche en garnalen.

Verdeel het romige garnalenmengsel over de halve avocado's. Rasp de overgebleven kaas erboven en maak ze af met een snufje cayennepeper. Bak de avocado's 15 minuten in de oven, of tot ze goudbruin zijn en pruttelen. Rooster de sneetjes brood, om de saus mee op te deppen.

ENERGIE	VET	VERZ. VET	EIWIT	KOOLHYD.	SUIKER	ZOUT	VEZELS
367 kcal	22,8 g	8,6 g	16,9 g	23,5 g	5,6 g	1,4 g	1,3 g

AVO-QUESADILLA'S

RED LEICESTER, ZOETE PAPRIKA & AVOSALSA

VOOR 2 PERSONEN | BEREIDINGSTIJD 30 MINUTEN

2 verschillend gekleurde paprika's

½ bos munt (15 g)

50 g Red Leicester of oude boerenkaas

2 grote meergranen- of volkorentortilla's

1 rijpe avocado

2 limoenen

4 el biologische yoghurt

2 tl chipotle-tabasco

Rooster de hele paprika's boven een brander van je fornuis, of in een grillpan op hoog vuur, tot ze rondom zwartgeblakerd zijn. Pluk de muntblaadjes en hak de helft fijn. Leg de paprika's in een kom, dek ze af en laat ze 10 minuten staan. Schraap er zoveel mogelijk velletjes af, verwijder de zaadjes en snijd het vruchtvlees in blokjes van 1 cm. Meng ze met 1 eetlepel rodewijnazijn en de gehakte munt, en voeg naar smaak peper en zout toe. Rasp de helft van de kaas vrij grof boven een van de tortilla's, strooi de blokjes paprika erover, rasp de rest van de kaas erboven, leg de andere tortilla erop en druk hem aan. Zet een grote koekenpan met antiaanbaklaag op matig vuur, leg de quesadilla er voorzichtig in en rooster hem 4 minuten aan elke kant, of tot de quesadilla goudbruin en de kaas mooi gesmolten is.

Halveer ondertussen de avocado, verwijder de pit, schep de helft in een blender en doe de rest van de muntblaadjes, het sap van 1 limoen, 3 eetlepels yoghurt en 2 eetlepels water erbij. Pureer tot een gladde saus en breng op smaak. Verdeel de saus over de borden en marmer de rest van de yoghurt en de tabasco erdoor. Snijd de overgebleven avocadohelft in plakjes en verdeel ze over de borden. Serveer met partjes quesadilla om te dopen en partjes limoen om erover uit te knijpen.

ENERGIE	VET	VERZ. VET	EIWIT	KOOLHYD.	SUIKER	ZOUT	VEZELS
440 kcal	23,1 g	9,7 g	16,2 g	39,5 g	11,5 g	1,1 g	8,9 g

1 SNELLE KIP & CHORIZO

TOMAAT MET OREGANO, KNOFLOOKTOAST & RUCOLA MET CITROEN

2 FILO KIP KIEV

AARDAPPELPUREE MET ERWTEN & SPRUITBROCCOLI

3 MIJN BOTERKIP

GEURIGE SPECERIJEN, TOMATEN, CASHEWBOTER & YOGHURT

4 KIP MET JERKKRUIDEN OP EEN BROODJE

ROMIGE SLAW, GESCHROEIDE ANANAS & INGELEGDE MADAME-JEANETTE

5 ZOETE CHILIKIPBALLETJES

CRISPY GROENTEN & GEBAKKEN RIJST MET EI, SOJA, GEMBER & KORIANDER

6 GOUDBRUINE CRISPY KIP

KROKANTE BACONBROODKRUIMELS, AVO & CHILISAUS

7 NOEDELSOEP MET KIP

GEMBER, RENDANGSPECERIJEN, KNAPPERIGE GROENTEN & KOKOSMELK

KIPFILET

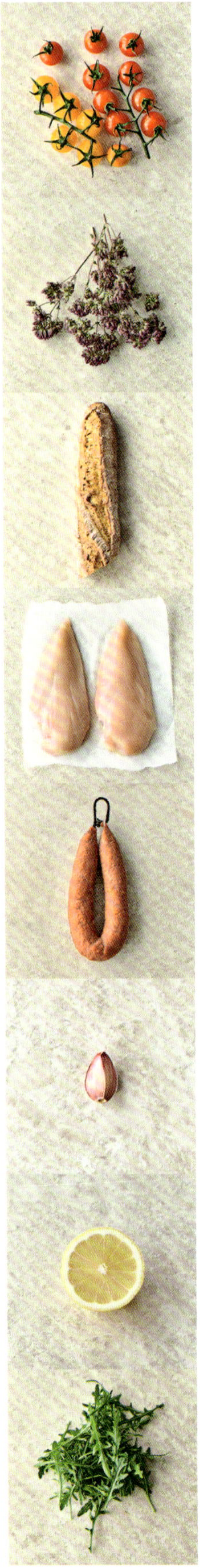

SNELLE KIP & CHORIZO

TOMAAT MET OREGANO, KNOFLOOKTOAST & RUCOLA MET CITROEN

VOOR 2 PERSONEN | BEREIDINGSTIJD 20 MINUTEN

160 g rijpe, verschillend gekleurde kerstomaatjes

2 tl gedroogde oregano, liefst met bloemetjes

½ goede Franse baguette

2 x 150 g kipfilet

50 g chorizo

1 teen knoflook

½ citroen

20 g rucola

Snijd de tomaatjes in kwarten of plakjes en maak ze aan met de oregano, 1 eetlepel (van elk) rodewijnazijn en extra vierge olijfolie, en een snufje zeezout en zwarte peper. Snijd de baguette in 2 cm dikke sneetjes en rooster ze goudbruin in een grote koekenpan met antiaanbaklaag op hoog vuur. Kerf ondertussen de kipfilets aan één kant licht in, leg ze tussen twee vellen bakpapier en sla ze met een deegroller of de onderkant van een steelpan tot een dikte van 1 cm. Snijd de chorizo in dunne plakjes.

Haal de broodjes wanneer ze goudbruin zijn uit de pan en bak de plakjes chorizo 1 minuut. Leg dan de kipfilets bij de plakjes worst in de pan en bak ze in totaal 6 minuten, of tot ze goudbruin en gaar zijn. Keer ze halverwege om, leg de plakjes chorizo wanneer ze krokant zijn op de kipfilets en strooi er een snuf zwarte peper over. Pel en halveer de knoflook en wrijf de broodjes ermee in. Snijd de knoflook in dunne plakjes en bak hem de laatste paar minuten met de kip mee om goudbruin te laten worden. Schep de aangemaakte tomaatjes, inclusief het sap, met de met citroensap aangemaakte rucola op de toastjes. Snijd de kip in plakjes en serveer hem met de crispy chorizo en knoflook.

ENERGIE	VET	VERZ. VET	EIWIT	KOOLHYD.	SUIKER	ZOUT	VEZELS
444 kcal	16,1 g	4,4 g	46,2 g	30,4 g	5,2 g	1,6 g	3 g

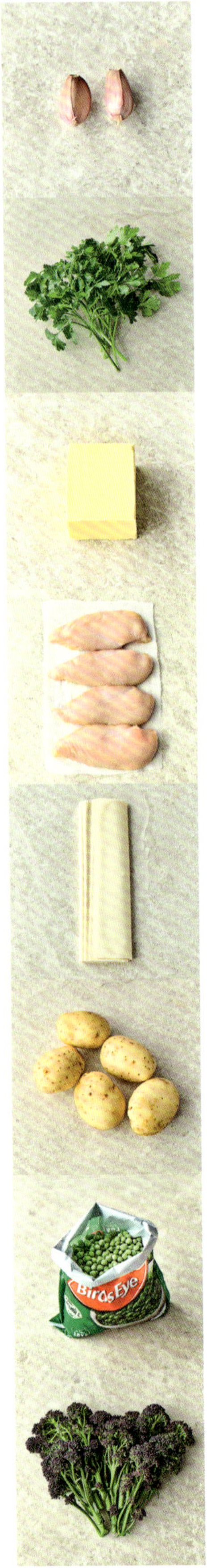

FILO KIP KIEV

AARDAPPELPUREE MET ERWTEN & SPRUITBROCCOLI

VOOR 4 PERSONEN | BEREIDINGSTIJD 45 MINUTEN

2 tenen knoflook

1 bos bladpeterselie (30 g)

30 g zachte boter

4 x 150 g kipfilet

4 vellen filodeeg

800 g aardappels

400 g diepvriesdoperwten

200 g paarse spruitbroccoli

Verwarm de oven voor op 200 °C. Pel en rasp de tenen knoflook, hak de peterselie met steeltjes en al fijn, meng ze met de zachte boter en voeg zeezout en zwarte peper toe. Maak met de punt van een scherp mes een soort zakje in het dikste deel van elke kipfilet. Verdeel de knoflookboter in vier porties, vul de zakjes ermee en druk de filets terug in vorm, zodat de boter ingesloten zit. Prop een van de vellen deeg een beetje op en pak er een van de filets mee in. Herhaal dit met de andere drie filets en leg ze op een grote, met olie ingevette bakplaat. Meng 1 eetlepel olijfolie met 1 theelepel rodewijnazijn, kwast het filodeeg er licht mee in en bewaar de rest van het mengsel voor later. Bak de kievs 25 minuten onder in de oven, of tot ze goudbruin, sappig en gaar zijn.

Schil ondertussen de aardappels, snijd ze in gelijkmatige stukjes en kook ze 15 minuten in een grote pan gezouten kokend water, of tot ze gaar zijn. Kook de erwten de laatste 2 minuten mee. Snijd het harde uiteinde van de broccolisteeltjes, snijd de dikkere steeltjes in de lengte doormidden, schep ze om met het overgebleven olie-azijnmengsel en bak ze de laatste 10 minuten met de kip mee. Giet de aardappels en erwten af, stamp ze met 1 theelepel extra vierge olijfolie en voeg naar smaak peper en zout toe. Serveer alles bij elkaar.

ENERGIE	VET	VERZ. VET	EIWIT	KOOLHYD.	SUIKER	ZOUT	VEZELS
561 kcal	16,1 g	5,7 g	49,2 g	58 g	5,6 g	1 g	10,2 g

MIJN BUTTER CHICKEN

GEURIGE SPECERIJEN, TOMATEN, CASHEWBOTER & YOGHURT

VOOR 2 PERSONEN | BEREIDINGSTIJD 40 MINUTEN

2-3 verse, verschillend gekleurde pepers

350 g rijpe, verschillend gekleurde kerstomaatjes

4 tenen knoflook

6 cm gemberwortel

1 el garam masala

4 volle el biologische yoghurt

2 x 150 g kipfilet

2 el gladde cashewboter

Halveer de pepers, verwijder de zaadjes, leg ze met de tomaatjes in een grote koekenpan met antiaanbaklaag op hoog vuur en keer ze een paar keer om tot ze rondom licht zwartgeblakerd zijn. Pel en schil ondertussen de knoflook en gember en rasp ze fijn in een grote kom. Voeg bijna alle garam masala, een snufje zeezout en zwarte peper, en 1 eetlepel yoghurt toe. Kerf de kipfilets met 1 cm tussenruimte diep in en wrijf de marinade erin.

Schep de geblakerde tomaatjes en pepers op een plank en zet de pan met ½ eetlepel olijfolie en de kipfilets terug op matig vuur. Bak ze in totaal 10 minuten en keer ze halverwege om. Trek ondertussen de velletjes van de tomaatjes en 1-2 pepers (naar smaak), en hak ze grof. Schep de krokante kipfilets op een plank en doe de tomaatjes, gehakte pepers en de cashewboter in de pan. Giet er 250 ml kokend water uit de waterkoker bij en schraap het aanbaksel van de bodem los. Laat de saus 2 minuten flink hard pruttelen, leg wanneer hij dik begint te worden de kipfilets nog 2 minuten terug in de pan, keer ze een paar keer om tot ze gaar zijn en schep ze op een plank. Haal de pan van het vuur, breng de saus op smaak en marmer de yoghurt erdoor. Snijd de kip in plakjes en serveer ze met de saus en de rest van de pepers en garam masala.

ENERGIE	VET	VERZ. VET	EIWIT	KOOLHYD.	SUIKER	ZOUT	VEZELS
435 kcal	20,7 g	4,8 g	45,2 g	17,5 g	11,1 g	0,8 g	3,4 g

BROODJE JERK CHICKEN

ROMIGE SLAW, GESCHROEIDE ANANAS & INGELEGDE MADAME-JEANETTE

VOOR 2 PERSONEN | BEREIDINGSTIJD 15 MINUTEN

1 verse rode madame-jeanette- of scotch-bonnet-peper

1 kipfilet van 150 g

1 volle tl jerkkruiden, plus extra om te bestrooien

1 blik van 220 g ananasschijven op sap

1 wortel

¼ witte kool (150 g)

2 volle el biologische yoghurt

2 grote, zachte broodjes

Halveer de peper, verwijder de zaadjes, snijd hem in dunne reepjes en houd ze even in een zeefje onder de koude kraan om de ergste scherpte eraf te halen. Zet een grillpan of grote koekenpan met antiaanbaklaag op hoog vuur. Snijd de kipfilet voorzichtig overdwars doormidden zodat je twee dunne lapjes hebt. Schep ze om met de jerkkruiden en 1 eetlepel olijfolie, bak ze 5 minuten in de hete pan en keer ze halverwege om. Schroei de ananasschijven in dezelfde pan en bewaar het sap.

Doe het ananassap met de peper in een kom en roer er een klein snufje zeezout en 1 eetlepel rodewijnazijn door. Schrap de wortel en rasp hem samen met de kool op een grove rasp. Meng de groenten met de yoghurt en een scheutje inmaakvocht van de peper en breng de slaw op smaak. Schuif de kip en ananas naar de zijkant van de pan, snijd de broodjes open en rooster ze heel kort. Snijd de gebakken kip doormidden en leg ze met de slaw, ananas en een paar stukjes ingelegde peper (erg pittig!) op de broodjes. Strooi er een extra snufje jerkkruiden over. Klap de broodjes dicht, druk ze aan en geniet ervan.

ENERGIE	VET	VERZ. VET	EIWIT	KOOLHYD.	SUIKER	ZOUT	VEZELS
505 kcal	12,5 g	3,1 g	31 g	71,2 g	24,3 g	1,6 g	6,3 g

ZOETE CHILIKIPBALLETJES

CRISPY GROENTEN & GEBAKKEN RIJST MET EI, SOJA, GEMBER & KORIANDER

VOOR 2 PERSONEN | BEREIDINGSTIJD 20 MINUTEN

4 cm gemberwortel

½ bos koriander (15 g)

1 kipfilet van 150 g

2 el zoete chilisaus

1 pak van 250 g gekookte rijst

1 zak van 320 g gemengde roerbakgroenten

2 grote eieren

1 el zoutarme sojasaus

Schil de gember. Pluk de helft van de korianderblaadjes, houd ze apart, en hak de rest met steeltjes en al samen met de gember fijn. Leg de kipfilet op een snijplank en hak er fijn gehakt van. Verdeel het gehakt met vochtige handen in acht gelijke porties en draai er balletjes van. Bak de balletjes 4 minuten in ½ eetlepel olijfolie in een koekenpan met antiaanbaklaag (20 cm doorsnede) op matig-hoog vuur; schep regelmatig om. Giet de zoete chilisaus erbij en bak nog 2 minuten. Bak ondertussen in een andere, grote koekenpan met antiaanbaklaag in ½ eetlepel olie de rijst en de gemengde groenten op matig vuur. Schep de groenten regelmatig om terwijl je de balletjes bakt.

Kluts de eieren, verdeel ze over de pannen en roer ze door de groenten en rijst, maar laat ze rustig rond de balletjes vloeien en stollen. Meng naar smaak sojasaus door de rijst met ei, schep het mengsel op een bord en schuif de fluweelzachte omelet met balletjes erop. Garneer met de apart gehouden korianderblaadjes.

ENERGIE	VET	VERZ. VET	EIWIT	KOOLHYD.	SUIKER	ZOUT	VEZELS
504 kcal	16,2 g	3,5 g	30,5 g	62,8 g	19,2 g	1,7 g	4,6 g

GOUDBRUINE CRISPY KIP

KROKANTE BACONBROODKRUIMELS, AVO & CHILISAUS

VOOR 2 PERSONEN | BEREIDINGSTIJD 15 MINUTEN

2 x 150 g kipfilet

1 citroen

2 el bloem

2 plakken gerookte doorregen bacon

30 g zuurdesembroodkruimels

½ rijpe avocado

1 el biologische yoghurt

hete chilisaus, voor erbij

Kerf de kipfilets aan een kant licht in, leg ze tussen twee vellen bakpapier en sla ze met een deegroller of de onderkant van een steelpan tot een dikte van 1 cm. Wrijf ze aan beide kanten in met zeezout en zwarte peper, en het sap van ½ citroen. Strooi de bloem op een bord en haal de kip er voorzichtig door. Hak de bacon fijn. Bak de kip en bacon 3 minuten in 1 eetlepel olijfolie in een grote koekenpan met anti-aanbaklaag op matig-hoog vuur, of tot ze goudbruin zijn. Keer de kip om, roer de broodkruimels door de bacon en bak nog 3 minuten, of tot de kip gaar is en de kruimels goudbruin zijn.

Schep ondertussen het vruchtvlees van de avocado in een vijzel en wrijf er een gladde puree van. Werk de yoghurt en een kneepje citroensap erdoor, en voeg naar smaak peper en zout toe. Schep het mengsel op de borden, leg de kipfilets erop en strooi de krokante kruimels erover. Besprenkel de borden slordig met chilisaus en geef er partjes citroen bij om over uit te knijpen.

ENERGIE	VET	VERZ. VET	EIWIT	KOOLHYD.	SUIKER	ZOUT	VEZELS
414 kcal	17,4 g	3,9 g	41,2 g	23,7 g	1,6 g	1,2 g	0,6 g

NOEDELSOEP MET KIP

GEMBER, RENDANGSPECERIJEN, KNAPPERIGE GROENTEN & KOKOSMELK

VOOR 4 PERSONEN | BEREIDINGSTIJD 20 MINUTEN

2 x 150 g kipfilet

3 el boemboe voor rendang

10 cm gemberwortel

1 liter verse kippenbouillon

1 blik van 400 g kokosmelk light

200 g volkorennoedels

160 g babymais

1 zak van 320 g gemengde roerbakgroenten

Zet een grote koekenpan met antiaanbaklaag en een grote, diepe pan op matig vuur. Snijd elke kipfilet in drie lange repen en wrijf ze in met de helft van de rendangboemboe en een snufje zeezout en zwarte peper. Wrijf de koekenpan met een propje keukenpapier in met olijfolie en leg de repen kip erin. Schil de gember, snijd hem in luciferdunne reepjes, strooi de helft over de kip en bak het geheel 5 minuten onder regelmatig omkeren, of tot de repen kip donker en krokant zijn – ze moeten net niet zwartgeblakerd zijn.

Strooi de rest van de gember en rendangboemboe in de diepe pan, giet de bouillon erbij, breng aan de kook en voeg de kokosmelk en noedels toe. Snijd de maiskolfjes in de lengte doormidden, doe ze erbij, leg een deksel op de pan en laat 5 minuten koken. Roer de gemengde groenten er de laatste minuut door, zodat ze net heet zijn, breng de soep op smaak en verdeel hem over warme kommen. Blus de koekenpan af met 1 eetlepel rodewijnazijn en verschuif de repen kip om het heerlijk plakkerige aanbaksel op te pikken. Snijd de repen kip doormidden en serveer ze op de noedelsoep.

ENERGIE	VET	VERZ. VET	EIWIT	KOOLHYD.	SUIKER	ZOUT	VEZELS
456 kcal	10,5 g	6 g	33,6 g	55,3 g	9,2 g	1,5 g	5,1 g

1 **PUREEPASTEI MET WORSTJES**

ROMIGE PREI, MOSTERD, TIJM & APPEL

2 **MIJN FAVORIETE VLUGGE PIZZA MET WORST**

RODE UI, MOZZARELLA, GEURIGE ROZEMARIJN, ZOETE DRUIVEN & PIJNBOOMPITTEN

3 **STOOFPOT MET WORST**

HP SAUCE, GEMENGDE BONEN & REUZENKNOEDELS VAN AARDAPPELPUREE

4 **PASTA MET WORST**

CHILIVLOKKEN, VENKEL, TOMATEN, BROCCOLI & PARMEZAAN

5 **FLUWEELZACHTE OMELET MET WORST**

AVOCADO, KERSTOMAATJES, ZACHTE TORTILLA'S & CHILISAUS

6 **CALZONE MET WORST**

GEVULD MET KAAS, CHUTNEY & EEN EI

7 **EENPANSHASH MET WORST**

FLESPOMPOEN, AARDAPPEL, KARWIJZAAD & GEBAKKEN EIEREN

WORSTJES

OVENSCHOTEL MET PUREE EN WORST

ROMIGE PREI, MOSTERD, TIJM & APPEL

VOOR 4 PERSONEN | BEREIDINGSTIJD 1 UUR EN 30 MINUTEN

1,2 kg aardappels

6 Cumberland-, braad- of vegaworstjes

2 grote preien

2 handappels

½ bos tijm (10 g)

4 el bloem

600 ml halfvolle melk

3 tl mosterd

Verhit de oven tot 200 °C. Schil de aardappels, snijd ze in gelijkmatige stukjes en kook ze 15 minuten in een grote pan gezouten kokend water, of tot ze gaar zijn. Bak de worstjes ondertussen bruin in een braadpan met antiaanbaklaag op matig vuur (voeg bij vegaworst 1 eetlepel olijfolie toe), terwijl je de preien schoonmaakt, in de lengte doormidden snijdt, wast en in 1 cm brede stukjes snijdt. Schil de appels, verwijder de klokhuizen en snijd ze in blokjes van 1 cm. Schep de worstjes op een bord, doe de prei en appel in de pan en voeg de meeste geplukte tijm toe. Voeg een scheutje water en wat zeezout en zwarte peper toe, leg een deksel op de pan en bak het geheel 20 minuten; roer regelmatig. Giet de aardappels af, stamp ze met helft van de bloem en breng de puree op smaak. Vet een ovenschaal van 20 x 28 cm licht in met olie.

Druk twee derde deel van de puree met je vingers in de bodem en randen van een ovenschaal. Roer eerst de bloem door de prei, gevolgd door de melk (heel rustig) en de mosterd. Laat 5 minuten pruttelen, of tot het mengsel dik en romig is. Snijd de worstjes in 1 cm dikke plakjes, roer de meeste plakjes inclusief vleessap door de prei en schep het mengsel in een egale laag in de schaal met puree. Druk de overgebleven puree in een laagje op een vel bakpapier dat iets groter is dan de schaal en keer het vel om op de schaal. Trek het papier eraf, werk de randjes bij en druk de rand met een vork dicht. Druk de rest van de plakjes worst in de puree en kwast alles in met 1 eetlepel olie. Bak de pastei 40 minuten onder in de oven, of tot hij goudbruin is, en verdeel 5 minuten voor tijd de overgebleven takjes tijm erover.

Deze waarden zijn gebaseerd op het recept met Cumberland-worstjes.

ENERGIE	VET	VERZ. VET	EIWIT	KOOLHYD.	SUIKER	ZOUT	VEZELS
644 kcal	21,6 g	7,8 g	29,4 g	87,8 g	18,6 g	2,4 g	7,8 g

MIJN FAVORIETE VLUGGE PIZZA MET WORST

RODE UI, MOZZARELLA, GEURIGE ROZEMARIJN, ZOETE DRUIVEN & PIJNBOOMPITTEN

VOOR 2 PERSONEN | BEREIDINGSTIJD 30 MINUTEN

150 g zelfrijzend bakmeel, plus extra om te bestuiven

2 Cumberland-, braad- of vegaworstjes

1 kleine rode ui

1 takje rozemarijn

1 volle el zongedroogde-tomatenpuree

100 g rode pitloze druiven

125 g mozzarella

1 el pijnboompitten

Verwarm de oven voor op de hoogste stand (240 °C). Strooi het meel met een klein snufje zout op een hoop in een kom, giet er 80 ml water bij en meng er een deeg van. Kneed het deeg 2 minuten op een met meel bestoven werkvlak en voeg zo nodig nog wat extra meel toe. Rol en rek het deeg uit in een ovaal van ongeveer 15 x 30 cm en leg het in een grote, met olie ingevette braadslede. Dek af met een schone, vochtige theedoek en laat rusten. Knijp boven een koekenpan met antiaanbaklaag op matig-hoog vuur het worstvlees uit de velletjes (vegaworstjes snijd je in plakjes en bak je in 1 eetlepel olijfolie). Bak de balletjes rondom goudbruin, terwijl je ze regelmatig omschept. Pel ondertussen de rode ui en snijd hem liefst op een mandoline (met beschermkap!) in superdunne ringen. Ris de rozemarijnnaaldjes van het takje, doe ze bij de ui en schep ze met een snufje zeezout en zwarte peper en 1 eetlepel olie door elkaar.

Spreid de tomatenpuree op het deeg uit, strooi de aangemaakte rode ui erover en schep de worstballetjes erop. Roerbak de druiven 1 minuut in de pan, schep ze met het sap op de pizza en verdeel de gescheurde mozzarella en de pijnboompitten erover. Zet de braadslede op hoog vuur op het fornuis tot hij begint te sissen, en zet hem daarna 10 minuten onder in de oven, of tot het deeg goudbruin en krokant is.

Deze waarden zijn gebaseerd op het recept met Cumberland-worstjes.

ENERGIE	VET	VERZ. VET	EIWIT	KOOLHYD.	SUIKER	ZOUT	VEZELS
826 kcal	47,5 g	15,7 g	30,1 g	73 g	13,9 g	2,7 g	4,9 g

CASSEROLE MET WORST

HP SAUCE, GEMENGDE BONEN & REUZENKNOEDELS VAN AARDAPPELPUREE

VOOR 4 PERSONEN | BEREIDINGSTIJD 1 UUR

6 Cumberland-, braad- of vegaworstjes

800 g aardappels

2 volle tl grove mosterd

2 grote wortels

2 preien

3 el HP sauce

2 blikken van 400 g gemengde bonen

1 blik van 400 g gepelde tomaten

Braad de worstjes 10 minuten rondom aan in 1 eetlepel olijfolie in een grote braadpan met antiaanbaklaag op matig-hoog vuur. Schep ze op een bord, maar laat de pan op het vuur staan. Schil ondertussen de aardappels en snijd ze in gelijkmatige stukjes. Kook ze 15 minuten in een grote pan gezouten kokend water, of tot ze gaar zijn, giet ze af en laat ze uitdampen. Stamp ze met de helft van de mosterd en breng de puree op smaak. Maak de wortels en preien schoon en snijd ze in stukjes van 2 cm. Roer ze door het vet in de braadpan en bak ze 15 minuten, of tot ze zacht zijn; roer regelmatig en giet er zo nodig een scheut water bij. Roer de HP sauce en de rest van de mosterd door de groenten, en giet de bonen er met vocht en al bij. Doe de tomaten erbij, druk ze plat met een houten lepel en roer er 1 blikje water door. Breng aan de kook, laat nog 10 minuten koken en voeg naar smaak peper en zout toe.

Zet de grill op de hoogste stand. Kerf de worstjes met ½ cm tussenruimte in en leg ze met de snijkant naar boven in de stoof. Verdeel de puree wanneer die voldoende afgekoeld is in vier compacte ballen, druk ze in de stoof en kwast ze in met 2 eetlepels olie. Zet de pan 15 minuten boven in de oven onder de grill, of tot er een goudbruin pruttelend korstje op zit.

Deze waarden zijn gebaseerd op het recept met Cumberland-worstjes.

ENERGIE	VET	VERZ. VET	EIWIT	KOOLHYD.	SUIKER	ZOUT	VEZELS
673 kcal	29,7 g	7,7 g	30,8 g	68,8 g	12,2 g	1,8 g	15,3 g

PASTA MET WORST

CHILIVLOKKEN, VENKEL, TOMATEN, BROCCOLI & PARMEZAAN

VOOR 4 PERSONEN | BEREIDINGSTIJD 35 MINUTEN

8 chipolata of vegaworstjes

2 rode uien

1 el venkelzaad

1 tl chilivlokken

320 g bimi

2 blikken van 400 g gepelde tomaten

300 g farfalle

20 g parmezaan

Pocheer de worstjes 5 minuten in een grote pan gezouten kokend water (als je vegaworstjes gebruikt hoeft dat niet). Pel ondertussen de uien en snijd ze in blokjes van 1 cm. Bak de ui in ½ eetlepel olijfolie in een grote, ondiepe braadpan op matig vuur met het venkelzaad, de chilivlokken, een klein snufje zeezout en een flinke snuf zwarte peper; roer regelmatig. Schep de worstjes op een plank, snijd ze voorzichtig in dunne plakjes en roer ze door de ui. Verwijder het harde uiteinde van de bimi, snijd de steeltjes in kleine stukjes en laat de topjes heel. Doe de gesneden steeltjes bij de ui en bak ze onder regelmatig roeren 10 minuten mee, of tot ze zacht zijn.

Doe de tomaten bij de ui en worst, en druk ze plat met je lepel. Zet het vuur laag, kook de pasta volgens de aanwijzingen op de verpakking in de pan gezouten kokend water, en kook de bimitopjes de laatste minuut mee. Giet de pasta en broccoli af en houd een kopje van het kookwater apart. Schep ze door de saus en roer er zo nodig een scheutje van het kookwater door. Voeg naar smaak peper en zout toe en rasp de parmezaan erboven.

Deze waarden zijn gebaseerd op het recept met chipolata-worstjes.

ENERGIE	VET	VERZ. VET	EIWIT	KOOLHYD.	SUIKER	ZOUT	VEZELS
306 kcal	17,9 g	5,8 g	21 g	17,1 g	14,2 g	1,2 g	7,1 g

FLUWEELZACHTE OMELET MET WORST

AVOCADO, KERSTOMAATJES, ZACHTE TORTILLA'S & CHILISAUS

VOOR 2 PERSONEN | BEREIDINGSTIJD 10 MINUTEN

3 chipolata of vegaworstjes

100 g rijpe, verschillend gekleurde kerstomaatjes

½ rijpe avocado

4 grote eieren

20 g Red Leicester of oude boerenkaas

2 volkoren tortilla's

1 el zure room

hete chilisaus, voor erbij

Knijp boven een koekenpan met antiaanbaklaag (doorsnede 30 cm) op matig-hoog vuur het worstvlees uit de velletjes (vegaworstjes hak je fijn en bak je in 1 eetlepel olijfolie). Maak het vlees met een houten lepel rul en bak het al roerend goudbruin, terwijl je ondertussen de tomaatjes in kwarten en het vruchtvlees van de avocado in plakjes snijdt. Bak de tomaatjes 2 minuten al roerend mee en schep dan de helft van de inhoud van de pan op een bord. Kluts 2 eieren, giet ze in een keer in de pan zodat ze over het hele oppervlak uitvloeien, rasp de helft van de kaas erboven en bak de omelet een paar minuten aan een kant, tot het ei net gestold is.

Schuif de omelet op een bord, warm een van de tortilla's 30 seconden op in de pan, snijd hem doormidden en rol hem op. Schep een beetje zure room op de omelet, leg de helft van de avocado er in een waaier naast en sprenkel er uit de hoogte wat chilisaus op. Laat je gelukkige tafelgenoot aanvallen terwijl jij snel aan de slag gaat met de tweede portie.

Deze waarden zijn gebaseerd op het recept met chipolata-worstjes.

ENERGIE	VET	VERZ. VET	EIWIT	KOOLHYD.	SUIKER	ZOUT	VEZELS
579 kcal	35,4 g	11,9 g	32,7 g	30,9 g	3,8 g	1,8 g	6,5 g

CALZONE MET WORST

GEVULD MET KAAS, UIENMARMELADE & EEN EI

VOOR 2 PERSONEN | BEREIDINGSTIJD 20 MINUTEN

3 Cumberland-, braad- of vegaworstjes

150 g zelfrijzend bakmeel, plus extra om te bestuiven

35 g cheddar of belegen Goudse kaas

2 el uienmarmelade

1 groot ei

20 g waterkers

tomatenketchup, voor erbij

mosterd, voor erbij

Knijp boven een ovenbestendige koekenpan met antiaanbaklaag (28 cm doorsnede) op matig-hoog vuur het worstvlees uit de velletjes (vegaworstjes snijd je in grove plakjes en bak je in 1 eetlepel olijfolie). Bak het vlees onder regelmatig roeren goudbruin. Zet dan het vuur uit. Strooi ondertussen het meel met een klein snufje zeezout in een kom, giet er 80 ml water bij, meng er een deeg van en kneed het 2 minuten op een met meel bestoven werkvlak. Doe er zo nodig nog wat extra meel bij en rol het uit tot een cirkel van ongeveer 30 cm. Rasp de kaas grof boven een helft, schep de marmelade erop, strooi het worstvlees erover en zet de pan terug op matig vuur. Breek het ei op de rest van de vulling, klap het deeg eroverheen zodat je een halve cirkel krijgt en knijp de rand dicht.

Leg de calzone voorzichtig in de hete pan, bak hem 5 minuten, of tot hij krokant en goudbruin is, keer hem met een vloeiende beweging om en bak hem ook 5 minuten aan de andere kant. Schuif hem op een bord, laat hem 2 minuten staan, snijd hem in stukken en serveer ze met de waterkers, en ketchup en mosterd om te dopen.

Deze waarden zijn gebaseerd op het recept met Cumberland-worstjes.

ENERGIE	VET	VERZ. VET	EIWIT	KOOLHYD.	SUIKER	ZOUT	VEZELS
694 kcal	34,1 g	11,8 g	29,9 g	69,5 g	10,2 g	2,9 g	3,1 g

EENPANSHASH MET WORST

FLESPOMPOEN, AARDAPPEL, KARWIJZAAD & GEBAKKEN EIEREN

VOOR 2 PERSONEN | BEREIDINGSTIJD 35 MINUTEN

250 g flespompoen

1 aardappel (250 g)

1 rode ui

3 Cumberland-, braad- of vegaworstjes

2 tl karwijzaad

¼ rodekool (250 g)

1 groene handappel

2 grote eieren

Haal de pitten uit de pompoen, boen de aardappel en snijd ze allebei in blokjes van 1 cm. Pel de ui en snijd hem in even grote blokjes. Knijp boven een koekenpan met antiaanbaklaag op matig-hoog vuur het worstvlees uit de velletjes (vegaworstjes snijd je in grove plakjes en bak je in 1 eetlepel olijfolie). Maak het vlees met een houten lepel rul en bak het onder regelmatig roeren licht goudbruin. Strooi bijna al het karwijzaad erbij en voeg de blokjes pompoen, aardappel en ui toe. Doe er zeezout, zwarte peper en 50 ml water bij. Leg een deksel op de pan en bak het geheel 20 minuten onder regelmatig roeren, prakken en over de bodem schrapen, of tot alles goudbruin en gaar is.

Rasp ondertussen de rodekool grof, maak aan met een beetje rodewijnazijn, rasp de appel en voeg hem toe. Verdeel de hash over warme borden en laat de pan op het vuur staan. Doe 1 eetlepel olie in de pan, strooi het overgebleven karwijzaad erbij, breek de eieren in de pan en schep de olie en het karwijzaad er tijdens het bakken overheen. Laat de gebakken eieren even uitlekken op keukenpapier, leg ze op de hash en serveer de geraspte rodekool en appel erbij.

Deze waarden zijn gebaseerd op het recept met Cumberland-worstjes.

ENERGIE	VET	VERZ. VET	EIWIT	KOOLHYD.	SUIKER	ZOUT	VEZELS
650 kcal	38,1 g	9,7 g	28,9 g	53,2 g	22,3 g	1,9 g	9,7 g

ZALMFILET

CRISPY ZALMTACO'S

CAJUNKRUIDEN, MANGO, ZOETE KERSTOMAATJES & LIMOEN

VOOR 2 PERSONEN | BEREIDINGSTIJD 20 MINUTEN

160 g rijpe, verschillend gekleurde kerstomaatjes

1 kleine rijpe mango

½ kleine rijpe avocado

2 lente-uitjes

2 x 130 g zalmfilet, met huid, zonder schubben en graten

2 volle tl cajunkruiden

4 kleine tortillawraps

2 limoenen

Snijd de kerstomaatjes in kwarten. Schil de mango en snijd het vruchtvlees in grove stukjes. Lepel de avocado uit de schil en snijd het vruchtvlees in kleine blokjes. Maak de lente-uitjes schoon en snijd ze fijn. Trek de huid voorzichtig van de zalm, leg hem in een koekenpan met antiaanbaklaag op matig-hoog vuur en bak hem aan beide kanten krokant. Wrijf de zalmfilets in met de cajunkruiden en bak ze in 5 minuten aan beide kanten goudbruin. Leg de krokant geworden huid op de filets.

Rooster ondertussen de tortilla's 15 seconden met een keukentang boven de vlam van je gasfornuis, of in een hete koekenpan. Strooi de mango, avocado en lente-ui over de tortilla's, verdeel de zalmfilets er in vlokken over en verkruimel de crispy velletjes erboven. Doe de tomaatjes met het sap van 1 limoen in de pan en schep ze ongeveer 30 seconden om in de restwarmte; schep ze dan op de tortilla's. Serveer met partjes limoen om erover uit te knijpen.

ENERGIE	VET	VERZ. VET	EIWIT	KOOLHYD.	SUIKER	ZOUT	VEZELS
584 kcal	24,6 g	5,8 g	35 g	59,5 g	17 g	1,8 g	4,1 g

ZALMHARMONICA MET TERIYAKI

MIHOEN MET GROENE THEE, INGELEGDE GEMBER & BROCCOLI

VOOR 2 PERSONEN | BEREIDINGSTIJD 15 MINUTEN

200 g paarse spruitbroccoli

2 x 130 g zalmfilet, met huid, zonder schubben en graten

1 zakje groene thee

150 g mihoen

2 lente-uitjes

1 el ingelegde gember

2 el teriyakisaus

Hiervoor heb je een grote stoompan nodig. Breng in een waterkoker water aan de kook. Snijd het harde uiteinde van de broccolisteeltjes. Leg de zalmfilets op de huid op een snijplank en snijd ze om de 2 cm in tot net boven de huid. Giet een laagje van 2 cm kokend water uit de waterkoker in een grote, ondiepe pan op hoog vuur. Zet er een met olie ingevette stoommand op, leg de zalmfilets er op de huid aan de zijkanten in en druk de stukjes vis als een soort harmonica om en om opzij, zoals op de foto. Leg de broccolisteeltjes op een hoopje in het midden, leg een deksel op de pan en stoom de vis en groente 5 minuten, of tot ze net gaar zijn. Doe ondertussen de mihoen en het zakje groene thee met kokend water uit de waterkoker in een pan, roer rustig en zet opzij. Maak de lente-uitjes schoon en snijd ze fijn. Snijd de ingelegde gember ook fijn.

Laat de mihoen uitlekken en gooi het theezakje weg. Verdeel de broccoli en zalm over de borden en schep de teriyakisaus met een beetje van het sap van de gember over de vis. Strooi de lente-ui en gember erover en serveer met de mihoen.

ENERGIE	VET	VERZ. VET	EIWIT	KOOLHYD.	SUIKER	ZOUT	VEZELS
583 kcal	15,5 g	2,7 g	36 g	74,2 g	8 g	1,4 g	3,6 g

ZALM MET ROMIGE GARNALENVULLING

KNOFFLOOKSPINAZIE, SMOKY PANCETTA, ROZEMARIJN & PARMEZAAN

VOOR 4 PERSONEN | BEREIDINGSTIJD 30 MINUTEN

4 x 130 g zalmfilet, met huid, zonder schubben en graten

20 g parmezaan

80 g crème fraîche light

80 g gekookte kleine garnalen, gepeld

4 tenen knoflook

500 g spinazie

4 plakken gerookte pancetta

4 takjes rozemarijn

Verwarm de oven voor op 220 °C. Snijd de zalmfilets in het midden van de vleeszijde tot ongeveer driekwart in om er een soort zakje in te maken. Rasp de parmezaan, klop de crème fraîche erdoor en meng met de garnalen.

Wrijf een grote, zware braadslede in met een klein beetje olijfolie en zet hem op laag vuur op het fornuis. Pel de tenen knoflook, snijd ze in dunne plakjes, doe ze met de spinazie en een snufje peper en zout in de slede, roer tot de blaadjes net geslonken zijn en zet het vuur uit. Druk de zalmfilets tussen de blaadjes, schep het garnalenmengsel in de zakjes in de filets en strooi er wat zwarte peper over. Leg een plakje pancetta op elke filet. Wrijf de takjes rozemarijn in met een beetje olie en leg op elk stuk zalm een takje. Zet het gerecht 15 minuten in de oven en ga meteen aan tafel.

ENERGIE	VET	VERZ. VET	EIWIT	KOOLHYD.	SUIKER	ZOUT	VEZELS
354 kcal	21,3 g	6 g	36,7 g	3,9 g	2,6 g	1 g	0,2 g

ZALMSASHIMI NIEUWE STIJL

LIMOEN, CLEMENTINE & SOJADRESSING, SESAMZAAD & CRISPY ZALMHUID

VOOR 2 PERSONEN | BEREIDINGSTIJD 15 MINUTEN

3 el sesamzaad

2 x 130 g superverse dikke zalmfilet, met huid, zonder schubben en graten

1 limoen

1 clementine of mandarijn

2 tl zoutarme sojasaus

1 verse rode peper

1 bakje tuinkers

Schud het sesamzaad 2 minuten in een hete koekenpan om tot het goudbruin is, kieper het in een kom en zet opzij. Zet de pan terug op matig vuur. Snijd elke zalmfilet in vier mootjes en snijd voorzichtig de huid eraf. Bak de huid aan beide kanten krokant en goudbruin en schep hem uit de pan. Schroei de stukjes zalm nu 10 seconden aan elke kant en keer ze met een keukentang om. Schep ze uit de pan, hussel ze door het sesamzaad om ze een jasje te geven, snijd ze in 1 cm dikke plakjes en leg ze willekeurig op de borden.

Rasp wat limoen- en clementineschil, om er op het laatst overheen te strooien, pers al het sap in een kom en roer de sojasaus erdoor. Snijd de rode peper fijn en knip de tuinkers. Schep de dressing met een paar drupjes extra vierge olijfolie over de zalm en strooi de garnering erover. Serveer met de crispy zalmhuid.

ENERGIE	VET	VERZ. VET	EIWIT	KOOLHYD.	SUIKER	ZOUT	VEZELS
336 kcal	23,1 g	4,1 g	29,7 g	2,2 g	2,2 g	0,6 g	0,2 g

EASY ZALM EN CROÛTE

ZALIGE SPINAZIE, GEBAKKEN RODEPESTOSAUS & CITROEN

VOOR 4 PERSONEN | BEREIDINGSTIJD 55 MINUTEN

1 ui

4 tenen knoflook

500 g diepvriesspinazie

1 vel van 320 g roomboterbladerdeeg (koud)

4 x 130 g zalmfilet, zonder huid en graten

2 grote eieren

1 volle el rode pesto

1 citroen

Verwarm de oven voor op 220 °C. Pel en hak de ui, en bak hem in 1 eetlepel olijfolie in een grote pan met antiaanbaklaag op matig vuur. Pel de tenen knoflook, snijd ze in dunne plakjes, doe ze erbij en bak ze 10 minuten mee, of tot ze zacht zijn; roer regelmatig. Roer de spinazie erdoor, bak hem 5 minuten afgedekt mee, haal de deksel eraf en laat nog 5 minuten op het vuur staan, of tot al het vocht verdampt is. Voeg naar smaak peper en zout toe. Rol het deeg uit en leg het op bakpapier in een braadslede. Spreid de spinazie erop uit, maar laat rondom een rand van 5 cm vrij. Leg de zalmfilets met 1 cm tussenruimte op de spinazie en vouw de deegrand met behulp van het papier netjes over de vis heen, zodat de bovenkant vrij blijft. Kluts de eieren, kwast het deeg ermee in en bak de zalm 15 minuten onder in de oven.

Klop ondertussen de pesto door het overgebleven restje ei. Haal wanneer de tijd erop zit de slede uit de oven en giet het eimengsel over de zalm en in de gaatjes. Zet de slede nog 15 minuten onder in de oven, of tot het deeg goudbruin en het ei net gestold is. Serveer met partjes citroen om erover uit te knijpen.

ENERGIE	VET	VERZ. VET	EIWIT	KOOLHYD.	SUIKER	ZOUT	VEZELS
712 kcal	46,4 g	18 g	37 g	36 g	6,9 g	1,3 g	2,7 g

PO'BOY MET CAJUNZALM

JALAPEÑOSALSA, YOGHURT, FIJNGESNEDEN SLA & TOMAAT

VOOR 2 PERSONEN | BEREIDINGSTIJD 20 MINUTEN

1 pot van 215 g gesneden groene jalapeño's

1 bos koriander (30 g)

2 volle tl cajunkruiden

4 volle el Griekse yoghurt

2 x 130 g zalmfilet, met huid, zonder schubben en graten

1 kropje little gem

1 grote rijpe tomaat

2 kleine stokbroodjes

Giet de jalapeño's met vocht en al in een blender, voeg de geplukte bovenste helft van de bos koriander toe en hak alles fijn. Giet het mengsel terug in de pot en zet opzij. Roer de cajunkruiden in een kom door de helft van de yoghurt. Snijd de zalmfilets in de lengte doormidden en schep ze door de gekruide yoghurt. Zet een grote koekenpan met antiaanbaklaag op matig-hoog vuur. Wacht tot de pan goed heet is en bak de zalmfilets dan 2 minuten aan elke kant in ½ eetlepel olijfolie, of tot ze goudbruin zijn en een knapperig korstje hebben. Snipper ondertussen de sla in superdunne reepjes. Snijd de tomaat in dunne plakjes en strooi er een snufje peper en zout over.

Snijd de broodjes in de lengte doormidden en rooster ze licht. Smeer de helft van de overgebleven yoghurt op de onderste helften en beleg ze met de tomaat en sla. Trek de gebakken zalm in grote stukken, verdeel ze over de broodjes, schep de rest van de yoghurt en wat van de jalapeñosalsa erop (bewaar de rest in het potje in de koelkast voor een andere keer), klap de broodjes dicht en genieten maar.

ENERGIE	VET	VERZ. VET	EIWIT	KOOLHYD.	SUIKER	ZOUT	VEZELS
540 kcal	23,6 g	5,9 g	36,4 g	44,9 g	9,8 g	1,5 g	4 g

CRISPY ZOETZURE ZALM

GEROERBAKTE GEPOFTE RIJST, MUNT, LENTE-UITJES & SLASCHUITJES

VOOR 2 PERSONEN | BEREIDINGSTIJD 15 MINUTEN

2 x 130 g zalmfilet met huid, zonder schubben en graten

4 lente-uitjes

2 tenen knoflook

½ bos munt (15 g)

1 kropje little gem

2 el chili-jam

½ citroen

50 g gepofte zilvervliesrijst

Leg de zalmfilets op de huid in ½ eetlepel olijfolie in een grote koekenpan met antiaanbaklaag op matig-hoog vuur. Bak ze 4 minuten, tot het vel supercrispy is. Bak ze daarna nog 1 minuut aan elk van de andere drie kanten. Trek de krokante huid met een keukentang van de filets, leg hem ernaast en keer de filets nog een keer om de blootgelegde kant ook dicht te schroeien. Maak ondertussen de lente-uitjes schoon en snijd ze fijn. Pel de knoflook en snijd hem in dunne plakjes, pluk de muntblaadjes en trek het kropje sla in losse schuitjes.

Schep de stukken zalm op de warme borden, bestrijk ze met de helft van de chili-jam en knijp er wat citroensap over uit. Leg de krokante huid over de zalm en laat de pan op het vuur staan. Bak de knoflook en muntblaadjes 1 minuut en voeg dan de lente-ui, gepofte rijst en overgebleven chili-jam erdoor. Bak het geheel al omscheppend 2 minuten, voeg naar smaak peper en zout toe en serveer het bij de zalm en slaschuitjes.

ENERGIE	VET	VERZ. VET	EIWIT	KOOLHYD.	SUIKER	ZOUT	VEZELS
422 kcal	18,3 g	3,1 g	29,9 g	34,4 g	13,9 g	0,5 g	1,7 g

1 **BURGER MET ZOETE AARDAPPEL**

RUNDVLEESBURGER, BBQ-SAUS, GESCHROEIDE ZOETE AARDAPPEL, HÜTTENKÄSE & SLAW

2 **ZOETE AARDAPPEL & KIP TJAPTJOI**

LIMOEN, ZOETE CHILISAUS & OESTERSAUS, BABYMAIS, LENTE-UITJES & LUCHTIGE RIJST

3 **ZOETEAARDAPPELSTOOF**

BONEN, LAURIER, MADAME JEANETTE, PITA'S & FETA

4 **SISSENDE ZOETEAARDAPPELPARTJES**

GEHAKTE SALADE, ZOETE PAPRIKA & ZUREROOMDRESSING & FETA

5 **OPEN QUESADILLA MET ZOETE AARDAPPEL**

CRISPY ZWARTE BONEN, JERKKRUIDEN, JALAPEÑO'S & GESMOLTEN KAAS

6 **POKÉBOWL MET ZOETE AARDAPPEL & ZALM**

SAPPIGE ANANAS, KOMKOMMER, TOMAAT, VERSE PEPER, MUNT & CITROEN

7 **CHOWDER MET ZOETE AARDAPPEL**

CHORIZO, LENTE-UITJES, SPERZIEBONEN, ROOM & CRACKERS

ZOETE AARDAPPEL

BURGER MET ZOETE AARDAPPEL

RUNDVLEESBURGER, BBQ-SAUS, ZOETE AARDAPPEL, HÜTTENKÄSE & SLAW

VOOR 2 PERSONEN | BEREIDINGSTIJD 15 MINUTEN

1 zoete aardappel (250 g)

50 g witte kool

1 volle tl grove mosterd

250 g rundergehakt

2 el BBQ-saus

2 grote, zachte broodjes

1 kropje little gem

2 el hüttenkäse

Boen de zoete aardappel en snijd driekwart in ½ cm dikke ronde schijfjes. Zet ze met 1 eetlepel olijfolie in een grote koekenpan met antiaanbaklaag op matig-hoog vuur om ze zacht te laten worden en een beetje te roosteren; keer ze na een paar minuten om. Rasp ondertussen de rest van de zoete aardappel en de kool grof en maak ze aan met de mosterd, 1 eetlepel rodewijnazijn en peper en zout naar smaak, om een heerlijke slaw te maken.

Meng het gehakt met je handen, verdeel het in twee porties, maak er burgers van en kruid ze met zeezout en zwarte peper. Leg ze bij de aardappelschijfjes in de pan en bak ze 3 minuten aan elke kant, of tot ze gaar zijn. Kwast ze 1 minuut voor tijd in met de BBQ-saus. Snijd de broodjes open, rooster ze licht en beleg de onderste helften met de slaw en een paar slablaadjes. Leg de geroosterde aardappelschijfjes erop, gevolgd door de burgers en de hüttenkäse. Klap de broodjes dicht en zet je tanden erin.

ENERGIE	VET	VERZ. VET	EIWIT	KOOLHYD.	SUIKER	ZOUT	VEZELS
615 kcal	16,2 g	4,6 g	40 g	81,2 g	14,3 g	2,9 g	8,3 g

ZOETE AARDAPPEL & KIP TJAPTJOI

LIMOEN, ZOETE CHILI- & OESTERSAUS, BABYMAIS, LENTE-UITJES & RIJST

VOOR 2 PERSONEN | BEREIDINGSTIJD 25 MINUTEN

1 zoete aardappel (250 g)

2 kippendijfilets

½ mok basmatirijst (150 g)

2 limoenen

2 el oestersaus

1 el zoete chilisaus

160 g babymais

1 bos lente-uitjes

Boen de zoete aardappel en snijd hem in 1 cm dikke, ongeveer 4 cm lange frietjes. Zet de frietjes in een grote, droge koekenpan met antiaanbaklaag op matig-hoog vuur en rooster ze 10 minuten onder regelmatig roeren, tot ze zacht worden. Snijd de kip in ongeveer even grote reepjes, doe ze erbij en bak ze 5 minuten mee. Doe ½ mok rijst, 1 mok kokend water uit de waterkoker (300 ml) en een klein snufje zeezout in een kleine pan en kook de rijst afgedekt 12 minuten op matig vuur, of tot al het water geabsorbeerd is.

Rasp ondertussen de schil van 1 limoen fijn boven een kom, pers het sap erbij en roer de oestersaus, zoete chilisaus en 100 ml water erdoor. Halveer de babymaiskolfjes in de lengte en schep ze door de saus. Maak de lente-uitjes schoon, snijd ze in stukjes van 3 cm, doe ze bij de zoeteaardappelfrietjes in de pan en bak ze 3 minuten mee. Giet de saus met de mais erbij, laat de boel 2 minuten sissen en inkoken, voeg naar smaak peper en zout toe en serveer de tjaptjoi met de rijst en partjes limoen om erover uit te knijpen.

ENERGIE	VET	VERZ. VET	EIWIT	KOOLHYD.	SUIKER	ZOUT	VEZELS
645 kcal	9,3 g	2,1 g	31,7 g	112,4 g	16,9 g	1,8 g	5,9 g

ZOETE-AARDAPPELSTOOF

BONEN, LAURIER, MADAME-JEANETTE, PITA'S & FETA

VOOR 2 PERSONEN | BEREIDINGSTIJD 30 MINUTEN

4 verse laurierblaadjes

1 verse madame-jeanette- of scotch-bonnet-peper

4 tenen knoflook

2 zoete aardappels (250 g elk)

1 blik van 400 g gemengde bonen

1 blik van 400 g gepelde tomaten

30 g feta

2 pitabroodjes

Zet een koekenpan met antiaanbaklaag (30 cm doorsnede) met 1 eetlepel olijfolie op matig-laag vuur en doe de laurierblaadjes erbij. Prik gaatjes in de hele peper en gooi hem erbij. Pel de tenen knoflook en doe ze er ook bij. Boen de zoete aardappels, snijd ze in 2 cm dikke schijfjes, voeg ze toe en bak ze 10 minuten; keer ze halverwege om. Giet de bonen (met vocht en al) en tomaten erbij. Druk de tomaten met een houten lepel stuk, leg een deksel op de pan en laat 10 minuten pruttelen, of tot de zoete aardappel gaar is.

Haal de deksel eraf, zet het vuur hoog en laat de saus nog een paar minuten inkoken, of tot hij lekker dik is. Rooster de pitabroodjes. Breng de stoof op smaak en verkruimel de feta erboven. Serveer met de geroosterde pitabroodjes, om te dopen.

ENERGIE	VET	VERZ. VET	EIWIT	KOOLHYD.	SUIKER	ZOUT	VEZELS
652 kcal	11,9 g	3,3 g	23,9 g	111,6 g	21,5 g	1,4 g	18,5 g

SISSENDE ZOETE-AARDAPPELWEDGES

GEHAKTE SALADE, ZOETE PAPRIKA, ZUREROOMDRESSING & FETA

VOOR 4 PERSONEN | BEREIDINGSTIJD 50 MINUTEN

3 zoete aardappels (250 g elk)

2 el cajunkruiden,
plus extra om te bestrooien

1 pot van 465 g geroosterde rode paprika

50 ml zure room

1 komkommer

250 g rijpe, verschillend gekleurde kerstomaatjes

1 krop ijsbergsla

60 g feta

Verwarm de oven voor op 190 °C. Boen de zoete aardappels, snijd ze in 1 cm dikke plakjes en snijd die doormidden zodat je partjes krijgt – ik doe dit vaak met een ribbelmesje. Schep ze om met de cajunkruiden, 1 eetlepel olijfolie en een klein snufje zeezout. Leg ze in een enkele laag op je grootste bakplaat, bak ze 40 minuten in de oven, of tot ze goudbruin en gaar zijn, en schep ze halverwege om.

Giet ongeveer 10 minuten voordat de zoete aardappel klaar is de paprika af en pureer de helft in een blender fijn met de zure room. Hak de rest op je grootste snijplank met de komkommer, tomaatjes en sla door elkaar. Maak ze aan met de dressing en voeg peper en zout naar smaak toe. Verkruimel de feta erover en serveer de salade met de sissende zoeteaardappelpartjes en een extra snufje cajunkruiden.

ENERGIE	VET	VERZ. VET	EIWIT	KOOLHYD.	SUIKER	ZOUT	VEZELS
331 kcal	16 g	5 g	8,4 g	38,9 g	17,9 g	1,2 g	8,3 g

OPEN QUESADILLA MET ZOETE AARDAPPEL

CRISPY ZWARTE BONEN, JERKKRUIDEN, JALAPEÑO'S & GESMOLTEN KAAS

VOOR 2 PERSONEN | BEREIDINGSTIJD 20 MINUTEN

2 zoete aardappels (250 g elk)

2 grote meergranen volkorentortilla's

1 blik van 400 g zwarte bonen

1½ tl jerkkruiden

14 gesneden groene jalapeño's uit een pot

40 g cheddar of belegen Goudse kaas

4 takjes munt

1 limoen

Zet de grill op de hoogste stand. Boen de zoete aardappels, prik er gaatjes in met een vork en leg ze 6 minuten op de hoogste stand (800 W) in de magnetron, of tot ze gaar en zacht zijn.

Je kunt deze quesadilla's het makkelijkst een voor een grillen, het voorbereiden kun je wel tegelijk doen. Druk 1 tortilla in een ovenbestendige koekenpan met anti-aanbaklaag van 20 cm, en leg de andere op een bord. Prik en prak een zoete aardappel in elke tortilla. Giet de zwarte bonen af en verdeel ze over de tortilla's, strooi de jerkkruiden en jalapeño's erover, en verkruimel de kaas erboven. Zet de pan 5 minuten onder de grill, of tot de kaas goudbruin en gesmolten is. Serveer met wat muntblaadjes en een kneepje limoensap, voeg peper en zout naar smaak toe, en begin alvast samen met eten terwijl je de tweede quesadilla onder de grill zet.

ENERGIE	VET	VERZ. VET	EIWIT	KOOLHYD.	SUIKER	ZOUT	VEZELS
581 kcal	11,2 g	5,8 g	23,2 g	88,9 g	13,1 g	1,7 g	25 g

POKÉBOWL MET ZOETE AARDAPPEL & ZALM

SAPPIGE ANANAS, KOMKOMMER, TOMAAT, VERSE PEPER, MUNT & CITROEN

VOOR 2 PERSONEN | BEREIDINGSTIJD 40 MINUTEN

2 kleine zoete aardappels (150 g elk)

2 citroenen

2 x 130 g superverse zalmfilet, zonder huid en graten

½ komkommer

160 g rijpe, verschillend gekleurde kerstomaatjes

¼ rijpe ananas

½ bos munt (15 g)

1-2 verse, verschillend gekleurde pepers

Boen de zoete aardappels en kook ze 35 minuten in een pan gezouten kokend water, of tot ze heerlijk zacht zijn.

Pers ongeveer 10 minuten voordat de zoete aardappels klaar zijn het sap van de citroenen in twee serveerkommen. Doe 1 eetlepel extra vierge olijfolie en een vleugje zeezout en zwarte peper in elke kom. Snijd de zalm in blokjes van 1 cm, verdeel ze over de kommen en schep ze door de dressing om de zalm licht te marineren. Snijd de komkommer, tomaatjes en geschilde ananas in blokjes van 1 cm en verdeel ze over de kommen. Doe de geplukte muntblaadjes erbij. Snijd de pepers (zoveel als je wilt) in dunne ringetjes, strooi ze erover en schep alles in de dressing door elkaar. Pel de zoete aardappels voorzichtig en leg ze in de kommen. Ik neem altijd het liefst een hapje hete zoete aardappel met wat koele, aangemaakte salade – meteen aan tafel!

ENERGIE	VET	VERZ. VET	EIWIT	KOOLHYD.	SUIKER	ZOUT	VEZELS
483 kcal	21,5 g	3,5 g	30,7 g	42,7 g	18,3 g	0,9 g	6,7 g

CHOWDER MET ZOETE AARDAPPEL

CHORIZO, LENTE-UITJES, SPERZIEBONEN, ROOM & CRACKERS

VOOR 4 PERSONEN | BEREIDINGSTIJD 40 MINUTEN

80 g chorizo

1 bos lente-uitjes

2 zoete aardappels (250 g elk)

400 g voorgesneden ui, wortel en bleekselderij

220 g sperziebonen

70 ml *single cream* of slagroom

80 g naturel crackers

Snijd de chorizo in dunne plakjes, leg ze in een grote pan met antiaanbaklaag en laat ze op matig vuur krokant worden terwijl je de lente-uitjes schoonmaakt en fijnsnijdt. Bewaar de groene ringetjes ter garnering. Schil de zoete aardappels en snijd ze in blokjes die twee keer zo groot zijn als de blokjes in de zak gemengde groenten. Roer wanneer de plakjes chorizo licht goudbruin zijn alle gesneden groenten erdoor, zet het vuur laag en bak het geheel 10 minuten onder regelmatig roeren, of tot de groenten zacht zijn. Giet er 1 liter kokend water uit de waterkoker bij en laat 10 minuten pruttelen. Snijd de sperziebonen in stukjes van 2 cm, doe ze in de pan laat de soep nog 10 minuten pruttelen.

Roer de room erdoor, breng de soep op smaak en verdeel hem over vier warme kommen. Strooi de groene lente-ui erover en maak af met een paar drupjes extra vierge olijfolie. Stamp de crackers fijn en strooi de kruimels vlak voor het eten over de soep.

ENERGIE	VET	VERZ. VET	EIWIT	KOOLHYD.	SUIKER	ZOUT	VEZELS
342 kcal	13,6 g	6 g	11,2 g	45,6 g	11,4 g	1,2 g	7,7 g

1 **LAKSA MET GEROOSTERDE AUBERGINE**
MASSAMAN, GEMBER, NOEDELS, KOKOSMELK & GESTAMPTE CASHEWNOTEN

2 **PASTA MET AUBERGINE & RICOTTA**
CHILIPESTO, KAPPERTJES, OREGANO, GEROOKTE AMANDELEN & PECORINO

3 **THAISE RODE CURRY MET AUBERGINE**
GESCHROEIDE STEAK, GESTAMPTE PINDA'S, LUCHTIGE RIJST, KOKOS & LIMOEN

4 **ZALIGE AUBERGINESALADE**
FETA, MUNT, OLIJVEN, AMANDELEN, CITROEN & HONING

5 **MILANESE AUBERGINE MET PARMEZAAN**
SPAGHETTI MET SNELLE ZOETE TOMATENSAUS, KNOFLOOK & BASILICUM

6 **GEINIGE AUBERGINETAART MET HARISSA**
ZOETE PAPRIKA, LUCHTIGE COUSCOUS, OLIJVEN, RUCOLA & CITROEN

7 **SUSHISCHOTEL MET WARME AUBERGINE**
CHILI-JAM & PONZU-GLAZUUR, NORI, SESAM, WASABI-ERWTEN & RADIJSJES

AUBERGINE

LAKSA MET GEROOSTERDE AUBERGINE

MASSAMAN, GEMBER, NOEDELS, KOKOSMELK & GESTAMPTE CASHEWNOTEN

VOOR 6 PERSONEN | BEREIDINGSTIJD 50 MINUTEN

6 grote aubergines (400 g elk)

6 volle tl massaman-currypasta

60 g met honing geroosterde cashewnoten

6 lente-uitjes

6 cm gemberwortel

1 blik van 400 g kokosmelk light

1 liter groente- of kippenbouillon

450 g eiernoedels

Verwarm de oven voor op 180 °C. Snijd 3 aubergines in 2 cm dikke plakken. Meng in een kleine kom 1 eetlepel (van elk) olijfolie en rodewijnazijn, 1 volle theelepel massaman-pasta en een snufje zeezout en zwarte peper, en kwast de plakken aubergine ermee in. Leg de plakken naast elkaar in een grote braadslede en rooster ze 40 minuten in de oven. Bak de overgebleven 3 aubergines al omkerend in een diepe, droge koekenpan met antiaanbaklaag op hoog vuur, tot ze zwartgeblakerd en zacht zijn. Schep ze op een plank en laat de pan op het vuur staan. Kneus ondertussen de cashewnoten in een vijzel en zet ze opzij. Maak de lente-uitjes schoon, snijd het witte deel fijn (bewaar het groen) en maal dat met de rest van de massaman-pasta in de vijzel. Schil en hak de gember en maal hem door de pasta. Snijd de groene lente-ui in de lengte in sprietjes en laat ze opkrullen in een kom ijswater.

Snijd de geblakerde aubergines doormidden, schep het vruchtvlees eruit en bak dat in 1 eetlepel olie in de hete pan; gooi de schillen weg. Voeg de pasta toe, roer hem er 2 minuten door, giet de kokosmelk, bouillon en 1 eetlepel rodewijnazijn erbij en breng aan de kook. Kook ondertussen de noedels volgens de aanwijzingen op de verpakking, giet ze af en verdeel ze over de warme kommen. Breng de soep op smaak, schep hem over de noedels en leg de geroosterde plakken aubergine erop. Giet de opgekrulde lente-ui af, schep er een klein beetje rodewijnazijn door en strooi ze met de cashewnoten over de laksa.

ENERGIE	VET	VERZ. VET	EIWIT	KOOLHYD.	SUIKER	ZOUT	VEZELS
540 kcal	18,3 g	5,3 g	17,4 g	83,7 g	14,9 g	1,7 g	14,5 g

PASTA MET AUBERGINE & RICOTTA

CHILIPESTO, KAPPERTJES, OREGANO, GEROOKTE AMANDELEN & PECORINO

VOOR 2 PERSONEN | BEREIDINGSTIJD 20 MINUTEN

1 grote aubergine (400 g)

2 volle tl kappertjes

1 tl gedroogde oregano, liefst met bloemetjes, plus extra voor erbij

15 g gerookte amandelen

150 g pastaschelpjes

2 volle tl chili-knoflookpesto

50 g ricotta

15 g pecorino of parmezaan

Snijd de aubergine in stukjes van 1 cm en zet ze met 1 eetlepel olijfolie, de kappertjes, de oregano en 2 eetlepels water in een grote koekenpan met antiaanbaklaag op matig-hoog vuur. Leg een deksel op de pan en stoom ze 5 minuten.

Kneus ondertussen de amandelen in een vijzel. Kook de pasta volgens de aanwijzingen op de verpakking in een pan gezouten kokend water, giet af en houd een kopje van het kookwater apart. Haal de deksel van de koekenpan en bak nog 10 minuten onder regelmatig roeren, of tot de blokjes aubergine licht goudbruin zijn. Doe de pesto en de meeste ricotta erbij, gevolgd door de pasta. Rasp de pecorino fijn, schep de kaas er op het vuur door, gevolgd door een scheutje van het apart gehouden kookwater. Voeg naar smaak peper en zout toe en schep de borden vol. Strooi de amandelen, een extra snufje oregano en de rest van de ricotta erover.

ENERGIE	VET	VERZ. VET	EIWIT	KOOLHYD.	SUIKER	ZOUT	VEZELS
510 kcal	20,1 g	5,1 g	17,5 g	70 g	7,7 g	1,1 g	8,6 g

THAISE RODE CURRY MET AUBERGINE

GESCHROEIDE STEAK, GESTAMPTE PINDA'S, LUCHTIGE RIJST, KOKOS & LIMOEN

VOOR 4 PERSONEN | BEREIDINGSTIJD 30 MINUTEN

1 mok basmatirijst (300 g)

2 grote aubergines (400 g elk)

2 x 225 g entrecote

1 bos lente-uitjes

50 g droog geroosterde pinda's

2 el Thaise rode currypasta

1 blik van 400 g kokosmelk light

1 limoen

Doe 1 mok rijst met 2 mokken kokend water uit de waterkoker (600 ml) en een snufje zeezout in een diepe pan met antiaanbaklaag. Dek de pan af en kook de rijst 12 minuten op matig vuur. Snijd elke aubergine in 4 dikke plakken en leg ze 8 minuten voor het einde van de kooktijd op de rijst, maar leg de deksel snel weer op de pan. Snijd ondertussen de zenen uit de entrecotes en kruid ze met een klein snufje zeezout en een snuf zwarte peper. Houd ze met een keukentang even rechtop op de vetrand in een grote koekenpan met antiaanbaklaag op matig-hoog vuur, en leg ze plat wanneer de vetrand goudbruin en krokant is. Bak ze aan beide kanten tot ze naar wens zijn – ik heb die van mij het liefst medium-rare. Maak de lente-uitjes schoon, snijd ze in stukjes van 2 cm, strooi ze over het vlees in de pan en bak ze even mee. Stamp de pinda's in een vijzel.

Schep het vlees en de lente-ui op een bord en laat ze even rusten. Leg de plakken aubergine met een keukentang in de koekenpan en neem de pan rijst met deksel van het vuur. Bak de plakken aubergine al omkerend 5 minuten, of tot ze mooi geschroeid zijn, en roer de currypasta, kokosmelk en ½ blikje water erdoor. Kook ze 8 minuten, of tot de saus een beetje ingekookt is. Roer de rijst los en verdeel hem over warme borden. Snijd het vlees in plakjes en verdeel het met de lente-ui en aubergine over de borden. Roer het vleessap door de saus en schep de saus over het gerecht. Strooi de pinda's erover en geef er partjes limoen bij om over uit te knijpen.

ENERGIE	VET	VERZ. VET	EIWIT	KOOLHYD.	SUIKER	ZOUT	VEZELS
626 kcal	19 g	8,9 g	39,2 g	80,2 g	8,9 g	1,4 g	9,5 g

ZALIGE AUBERGINESALADE

FETA, MUNT, OLIJVEN, AMANDELEN, CITROEN & HONING

VOOR 2 PERSONEN | BEREIDINGSTIJD 55 MINUTEN

2 aubergines (250 g elk)

1 bos munt (30 g)

20 g amandelen, met vlies

1 citroen

1 el heldere honing

8 verschillend gekleurde olijven

40 g feta

100 g gemengde sla

Verwarm de oven voor op 180 °C. Prik de aubergines rondom in met een vork of met de punt van een mes. Leg ze direct op het rooster in de oven en rooster ze 50 minuten, of tot ze heerlijk zacht, gaar en sappig zijn.

Pluk de kleine muntblaadjes en houd ze apart. Pluk de rest van de blaadjes, doe ze in een vijzel en wrijf ze met de amandelen door elkaar. Doe de fijngeraspte citroenschil en het citroensap erbij, en werk ze er samen met de honing en 2 eetlepels extra vierge olijfolie door. Ontpit de olijven, scheur ze in stukjes en voeg ze toe. Verkruimel de feta erboven. Meng alles goed en voeg naar smaak zwarte peper toe. Verdeel de sla en kleine muntblaadjes over de borden. Snijd de zachte aubergines in de lengte doormidden, leg ze erop en bedek ze met de waanzinnige, pesto-achtige dressing. Ik hak, hussel en mix de hele boel altijd door elkaar voordat ik aanval. Deze salade is zowel warm als koud superlekker.

ENERGIE	VET	VERZ. VET	EIWIT	KOOLHYD.	SUIKER	ZOUT	VEZELS
340 kcal	24,1 g	5,3 g	9 g	25,1 g	15,7 g	0,8 g	9,3 g

MILANESE AUBERGINE MET PARMEZAAN

SPAGHETTI MET SNELLE ZOETE TOMATENSAUS, KNOFLOOK & BASILICUM

VOOR 2 PERSONEN | BEREIDINGSTIJD 30 MINUTEN

1 aubergine (250 g)

2 grote eieren

100 g focaccia met rozemarijn

20 g parmezaan

150 g spaghetti

2 tenen knoflook

1 blik van 400 g kerstomaatjes

½ bos basilicum (15 g)

Verwarm de oven voor op 180 °C. Snijd de schil van beide kanten van de aubergine en snijd hem in de lengte in 1 cm dikke plakken (bewaar de snijresten voor een andere keer). Bestrooi de plakken met zeezout en maak ze zacht door er een paar minuten voorzichtig met een vleeshamer of deegroller op te slaan. Kluts de eieren in een platte kom. Hak de focaccia in een keukenmachine tot fijne kruimels en strooi ze op een bord. Haal de plakken aubergine door het ei, laat ze even uitlekken en druk beide kanten in de broodkruimels. Verhit 1 eetlepel olijfolie in een grote koekenpan met antiaanbaklaag op matig-hoog vuur en bak de plakken aubergine 6 minuten, of tot ze goudbruin zijn. Keer ze halverwege een keer om. Schep ze op een ingevette bakplaat, rasp de meeste parmezaan erboven en zet ze in de oven.

Kook de spaghetti volgens de aanwijzingen op de verpakking in een pan gezouten kokend water. Veeg de koekenpan schoon en zet hem met ½ eetlepel olie terug op matig-hoog vuur. Pel de tenen knoflook, snijd ze in dunne plakjes en bak ze licht goudbruin. Doe de tomaatjes erbij, spoel het blik uit met een scheutje water en giet dat er ook bij. Pluk de kleinste basilicumblaadjes en houd ze apart. Pluk de rest, scheur ze in stukjes en doe ze bij de saus. Breng op smaak en laat op laag vuur pruttelen. Schep de gekookte spaghetti met aanhangend water met een keukentang bij de saus. Schep de boel om en verdeel de pasta over de warme borden. Leg de plakken aubergine erop, rasp de rest van de parmezaan erboven en garneer met de kleine basilicumblaadjes.

ENERGIE	VET	VERZ. VET	EIWIT	KOOLHYD.	SUIKER	ZOUT	VEZELS
688 kcal	24,8 g	5,7 g	28,6 g	92,5 g	12 g	1,6 g	9,3 g

GEINIGE AUBERGINETAART MET HARISSA

ZOETE PAPRIKA, LUCHTIGE COUSCOUS, OLIJVEN, RUCOLA & CITROEN

VOOR 4 PERSONEN | BEREIDINGSTIJD 30 MINUTEN, PLUS KOELEN

150 g couscous

2 aubergines (250 g elk)

½ pot van 465 g geroosterde rode paprika

2 volle tl rozenharissa

1 citroen

60 g rucola

8 groene olijven

4 el biologische yoghurt

Doe de couscous met een snufje zeezout en zwarte peper in een kom en giet er een laag kokend water uit de waterkoker op. Snijd de aubergines in plakjes van 1 cm en gril ze aan beide kanten in een grillpan op hoog vuur, tot ze zacht zijn; schep ze in een kom. Snijd de paprika's in de lengte in plakjes en doe ze met de helft van het vocht uit de pot, de helft van de harissa en 2 eetlepels extra vierge olijfolie in de kom. Rasp de citroenschil erboven, pers de citroen erboven uit, meng alles goed en voeg naar smaak peper en zout toe.

Verkreukel een groot stuk nat bakpapier en bekleed er een mengkom van 20 cm mee. Leg de plakjes aubergine en paprika er om en om en elkaar overlappend in, zodat het hele oppervlak bedekt is (zet de kom sap opzij). Roer de couscous los, hak het grootste deel van de rucola grof en strooi de blaadjes erbij (bewaar de rest in de koelkast). Roer de helft van het sap erdoor, schep de couscous in de met groenten bedekte kom en vouw de eventueel overhangende plakjes aubergine en paprika erover. Vouw het papier erover, leg er een bord met iets zwaars op om de boel stevig aan te drukken en zet de taart minstens 2 uur in de koelkast. Meng de rest van de harissa en sappen voor later. Plet en ontpit de olijven.

Stort de opgesteven auberginetaart op een mooie schaal of plank en trek het papier eraf. Schep de yoghurt erover en besprenkel met de harissadressing. Strooi de olijven en de overgebleven rucola erover, snijd de taart in punten en ga aan tafel.

ENERGIE	VET	VERZ. VET	EIWIT	KOOLHYD.	SUIKER	ZOUT	VEZELS
270 kcal	9,9 g	1,8 g	7,7 g	40,3 g	7 g	0,8 g	6,6 g

SUSHISCHOTEL MET WARME AUBERGINE

CHILI-JAM & PONZU-GLAZUUR, NORI, SESAM, WASABI-ERWTEN & RADIJSJES

VOOR 2 PERSONEN | BEREIDINGSTIJD 30 MINUTEN

150 g sushirijst

20 g wasabi-erwten

2 el sesamzaad

2 aubergines (250 g elk)

50 g radijsjes

2 volle el chili-jam

2 el ponzu of zoutarme sojasaus

2-4 vellen nori

Kook de sushirijst volgens de aanwijzingen op de verpakking. Zet de wasabi-erwten en het sesamzaad in een grote, koude koekenpan met antiaanbaklaag op matig vuur, rooster ze terwijl de pan opwarmt en kieper ze in een vijzel. Halveer de aubergines in de lengte en kerf de helften aan beide kanten kruislings in. Leg ze op het vel in de hete pan, giet er 2 cm water bij en kook ze afgedekt 15 minuten op hoog vuur.

Snijd ondertussen de radijsjes in dunne plakjes, doe ze met een klein snufje zeezout en 1 eetlepel rodewijnazijn in een kom en laat ze even pekelen. Haal de deksel van de pan met aubergine om het water te laten verdampen, doe er 1 eetlepel olijfolie bij en bak de aubergine in een paar minuten lekker krokant. Doe de chili-jam en ponzu erbij, schud de pan voorzichtig om de aubergine te glaceren en zet het vuur uit. Verdeel de rijst over de borden, schep de aubergine en het glazuur uit de pan erop en strooi de uitgelekte plakjes radijs erover. Kneus de erwten en het sesamzaad in de vijzel en strooi ze erover. Verfrommel de vellen nori en geef ze erbij.

ENERGIE	VET	VERZ. VET	EIWIT	KOOLHYD.	SUIKER	ZOUT	VEZELS
507 kcal	16,2 g	3 g	13,2 g	74,8 g	13,6 g	1,8 g	2,9 g

EIEREN

SPECIALE ROEREIEREN

SNELLE STICKY TOMATENCHUTNEY OP SUPERZACHTE BROODJES

VOOR 2 PERSONEN | BEREIDINGSTIJD 20 MINUTEN

4 grote eieren

2 zachte broodjes

1 rode ui

1 tl garam masala

200 g rijpe tomaten

½ bos koriander (15 g)

Kluts de eieren met een snufje peper en zout en snijd de broodjes open. Pel en rasp de ui grof, doe daarvan 1 eetlepel met een snufje zeezout en een scheutje rodewijnazijn in een kom en laat even vlug marineren. Strooi de rest van de geraspte ui en de meeste garam masala in een grote koekenpan met antiaanbaklaag met 1 eetlepel olijfolie op matig vuur en bak 3 minuten onder regelmatig roeren terwijl je de tomaten grof raspt. Schuif de ui aan de kant en bak de geraspte tomaat 2 minuten. Roer alles zodra het droog begint te worden door elkaar en blijf nog 2 minuten regelmatig roeren, of tot het mengsel lekker dik is.

Schuif de tomatenchutney opzij, rooster de broodjes aan beide kanten en schuif ze door de pan om het heerlijke aanbaksel op te deppen. Spreid de tomatenchutney op de onderste helften van de broodjes uit, strooi de geplukte korianderblaadjes op een hoopje, klap de broodjes dicht en leg ze op de borden. Roerbak de eieren naar wens, schep ze ernaast en maak ze af met wat uitgelekte gemarineerde uitjes en een snufje garam masala.

ENERGIE	VET	VERZ. VET	EIWIT	KOOLHYD.	SUIKER	ZOUT	VEZELS
415 kcal	20,6 g	4,5 g	20,9 g	40,4 g	9,5 g	1,7 g	4,6 g

EIERCRUMPETS MET HALLOUMI

SALSA VAN TOMAATJES, LIMOEN & AVOCADO & EEN ZACHT GEBAKKEN EI

VOOR 1 PERSOON | BEREIDINGSTIJD 10 MINUTEN

2 grote eieren

2 crumpets

80 g rijpe, verschillend gekleurde kerstomaatjes

1 tl hete chilisaus

½ limoen

2 takjes koriander

¼ kleine rijpe avocado

8 g halloumi

Kluts een ei in een platte kom, leg de crumpets erin en laat beide kanten wellen. Snijd voor de salsa de tomaatjes in kwarten en maak ze in een kleine kom aan met de chilisaus en een kneepje limoensap. Breng op smaak en voeg de geplukte korianderblaadjes toe. Schil de avocado, snijd hem in blokjes en schep ze er vlak voor het serveren door.

Zet een koekenpan met antiaanbaklaag met 1 theelepel olijfolie op matig vuur. Breek het overgebleven ei boven de pan, leg de crumpets ernaast en leg een deksel op de pan. Keer de crumpets om wanneer ze goudbruin zijn en bak het ei naar wens. Schep ze op een bord en rasp de halloumi vlug boven de pan. Hussel de salsa en schep hem op de crumpets. Steek de halloumi wanneer hij goudbruin is met een visspatel los en schep hem omgekeerd op het bord. Heerlijk met wat extra chilisaus.

ENERGIE	VET	VERZ. VET	EIWIT	KOOLHYD.	SUIKER	ZOUT	VEZELS
450 kcal	21,4 g	5,7 g	20,6 g	43,7 g	6,9 g	1,8 g	3,7 g

CAJUN-EITJES IN EEN NESTJE

GEBAKKEN AARDAPPELTJES, ZOETE PAPRIKA, CRISPY KOOL & PANCETTA

VOOR 4 PERSONEN | BEREIDINGSTIJD 1 UUR EN 20 MINUTEN

2 rode uien

2 verschillend gekleurde paprika's

1 zoete aardappel (250 g)

1 aardappel (250 g)

2 volle tl cajunkruiden

50 g boerenkool

4 plakken gerookte pancetta

4 grote eieren

Verwarm de oven voor op 200 °C. Pel de uien en snijd ze in acht partjes. Halveer de paprika's en verwijder de zaadjes. Boen beide aardappels, snijd ze in stukjes van 3 cm en schep ze in een braadslede van 25 x 35 cm om met de ui, cajunkruiden en 1 eetlepel olijfolie. Rooster de groenten 50 minuten onder in de oven. Scheur ondertussen de boerenkool in stukjes, gooi de stugge steeltjes weg, masseer de blaadjes met 1 eetlepel olie en zet ze even opzij.

Haal de braadslede uit de oven, prop de boerenkool in en om de andere groenten, drapeer de plakjes pancetta erover en zet de slede nog 5 minuten terug in de oven. Breek de eieren nu tussen de groenten en zet de slede nog eens 5 minuten terug in de oven, of tot de eieren naar wens zijn. Strooi een snufje peper over de eieren en ga aan tafel.

ENERGIE	VET	VERZ. VET	EIWIT	KOOLHYD.	SUIKER	ZOUT	VEZELS
309 kcal	14,7 g	3,2 g	12 g	34,3 g	12,2 g	0,7 g	6,3 g

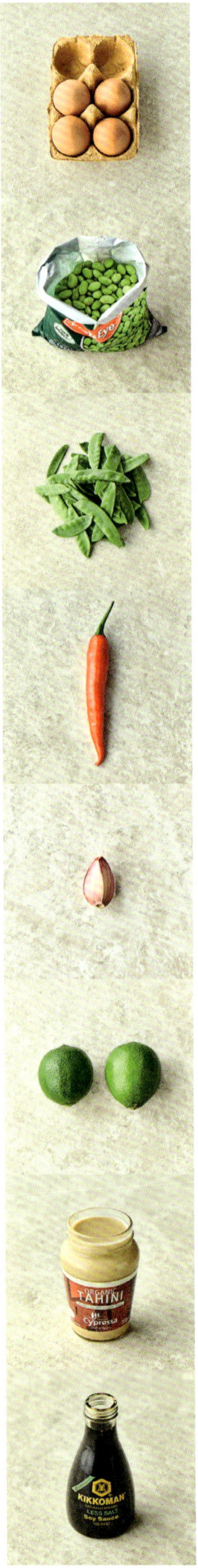

AZIATISCHE BONENSALADE MET EI

SESAM, SOJA, VERSE PEPER, LIMOEN, SOJABONEN & PEULTJES

VOOR 2 PERSONEN | BEREIDINGSTIJD 10 MINUTEN

4 grote eieren

160 g diepvriessojabonen

160 g peultjes

1 verse rode peper

1 teen knoflook

2 limoenen

2 el tahin

1 el zoutarme sojasaus

Kook de eieren 6 minuten in een pan gezouten kokend water, blancheer de sojabonen en peultjes de laatste 2 minuten mee en giet ze af.

Snijd ondertussen de peper doormidden en verwijder de zaadjes. Pel de teen knoflook en stamp hem samen met de peper fijn in een vijzel. Rasp de schil van 1 limoen fijn op een plank, pers het sap in de vijzel en werk het sap met de tahin door de knoflook en peper. Breng de dressing op smaak met sojasaus. Maak de sojabonen en peultjes aan met 1 theelepel extra vierge olijfolie en verdeel ze over de borden. Pel de eieren en leg ze op de bonen. Schep de dressing erover, druk de eieren stuk en maak ze af met een beetje geraspte limoenschil.

ENERGIE	VET	VERZ. VET	EIWIT	KOOLHYD.	SUIKER	ZOUT	VEZELS
342 kcal	22,5 g	3,8 g	23,7 g	13,9 g	4 g	0,9 g	4,7 g

INDIAAS GEÏNSPIREERDE FRITTATA

GESCHEURDE, GEROOSTERDE CHAPATI'S, BOMBAYMIX, CHEDDAR & CHUTNEY

VOOR 6 PERSONEN | BEREIDINGSTIJD 25 MINUTEN

4 volkorenchapati's

8 grote eieren

2 el mangochutney

50 g oude cheddar of oude Goudse kaas

200 g babyspinazie

30 g Bombaymix

½ kleine rode ui

2 el yoghurt

Verwarm de oven voor op 200 °C. Zet een ovenbestendige koekenpan met antiaanbaklaag (26 cm doorsnede) op matig vuur en rooster de chapati's een voor een licht. Kluts ondertussen de eieren en de helft van de mangochutney in een grote kom. Rasp de meeste kaas erboven, hak de spinazie en voeg hem toe, gevolgd door de grof gescheurde chapati's. Voeg een snufje zeezout en zwarte peper toe, en meng alles goed.

Doe 1 eetlepel olijfolie in de koekenpan en giet het eimengsel erbij. Rasp de rest van de kaas en strooi die samen met de Bombaymix over de frittata. Blijf de pan 1 minuut op het vuur schudden en zet hem daarna 10 minuten in de oven, of tot de frittata goudbruin en gestold is. Rasp ondertussen de ui, maak aan met een snufje zout en 1 eetlepel rodewijnazijn, en laat even inwerken. Serveer de frittata met kloddertjes yoghurt, de rest van de mangochutney en de uitgelekte ingelegde ui.

ENERGIE	VET	VERZ. VET	EIWIT	KOOLHYD.	SUIKER	ZOUT	VEZELS
313 kcal	16,3 g	5,7 g	17,2 g	24,6 g	5,2 g	1,8 g	2,9 g

EASY FILOTAART MET HAM & EI

GEVULD MET GRUYÈRE, APPEL, SPINAZIE & LENTE-UITJES

VOOR 6 PERSONEN | BEREIDINGSTIJD 1 UUR

8 grote eieren

2 handappels

80 g gruyère

100 g ham van goede kwaliteit

200 g babyspinazie

1 bos lente-uitjes

150 g hüttenkäse

6 vellen filodeeg

Verwarm de oven voor op 200 °C. Kluts de eieren in een grote kom. Rasp de appels en de meeste gruyère erboven. Snijd de ham in dunne reepjes en hak de spinazie grof. Maak de lente-uitjes schoon en snijd ze fijn. Doe alles met de hüttenkäse en een snufje zwarte peper bij de eieren en kluts de boel door elkaar. Giet het mengsel in een vergiet boven een andere kom om het ei van de vulling te scheiden en zet de kom ei even opzij.

Vet een diepe braadslede van 30 x 35 cm in met olijfolie. Leg een van de vellen filodeeg voor je neer en verdeel er een zesde van de vulling over. Rol het deeg op, leg de rol in de ingevette slede en vouw de randjes zo nodig naar binnen. Herhaal dit met de rest van de vellen deeg en vulling. Kwast de bovenkant in met een beetje olie en zet de slede 20 minuten onder in de oven. Giet het apart gehouden eimengsel erover, rasp de rest van de kaas erboven en zet de rollen nog 10 minuten terug in de oven, of tot ze goudbruin zijn.

ENERGIE	VET	VERZ. VET	EIWIT	KOOLHYD.	SUIKER	ZOUT	VEZELS
354 kcal	16,4 g	6 g	23,2 g	31,2 g	7,6 g	1,5 g	1,9 g

ZONNIGE EIERSALADE

DUKKAH & ZOETE PAPRIKA, GEBAKKEN SPINAZIE & GRANAATAPPEL

VOOR 2 PERSONEN | BEREIDINGSTIJD 15 MINUTEN

2 el dukkah

1 pakje van 250 g gemengde gekookte granen

½ pot van 465 g geroosterde rode paprika

200 g babyspinazie

4 grote eieren

½ granaatappel

2 volle el biologische yoghurt

Breng voor de eieren een grote pan gezouten water zachtjes aan de kook. Rooster de meeste dukkah 2 minuten in een grote koekenpan met antiaanbaklaag op matig vuur en strooi de granen erbij. Laat de stukken paprika uitlekken, snijd ze fijn en doe ze er ook bij. Roerbak 5 minuten, voeg naar smaak peper en zout toe en verdeel het mengsel over de borden. Zet de pan terug op het vuur, doe de spinazie erin en laat de blaadjes vlug slinken. Breng ze op smaak en strooi ze over de granen.

Breek de eieren ondertussen een voor een in een vloeiende beweging boven het pruttelende water en pocheer ze 3 minuten, of tot ze naar wens zijn. Pers een beetje granaatappelsap in een kom en marmer de yoghurt erdoor. Sla de achtergebleven pitjes met de achterkant van een lepel uit de halve granaatappel. Laat de eieren uitlekken op een stuk keukenpapier en leg ze op de spinazie. Schep de granaatappelyoghurt erop en strooi de overgebleven dukkah en de granaatappelpitjes erover.

ENERGIE	VET	VERZ. VET	EIWIT	KOOLHYD.	SUIKER	ZOUT	VEZELS
436 kcal	18,9 g	4,5 g	23,5 g	40,2 g	8,4 g	0,5 g	8,3 g

1 **HOTPOT MET RUNDVLEES & GUINNESS**
WORTELS, SALIE, UI & AARDAPPELSCHIJFJES

2 **GEHAKT MET ZWARTEBONENSAUS, GEMBER & KNOFLOOK**
LUCHTIGE RIJST, EASY OMELETJES MET VERSE PEPER & LENTE-UITJES

3 **BACONBURGER MET RAREBIT**
CHAMPIGNONS, AUGURK & ZURE ROOM OP EEN ZACHTE BOL

4 **EEN NOGAL BRITSE BOLOGNESE**
ROZEMARIJN, PALE ALE, CHAMPIGNONS, CHEDDAR & SPECIALE PASTA

5 **PLATBROOD MET CRISPY LAMSKEBAB**
KNOFLOOK, VERSE PEPER, KOMIJN, GEMENGDE SLA & FETA

6 **VARKENSGEHAKTBALLETJES MET APPEL**
MOSTERD, AARDAPPELPUREE, ZURE ROOM & BIESLOOKSAUS

7 **MIJN MEXICAANSE GEHAKTBROOD**
ZWARTE BONEN, ZOETE RODE PAPRIKA & JALAPEÑO'S

GEHAKT

HOTPOT MET RUNDVLEES & GUINNESS

WORTELS, SALIE, UI & AARDAPPELSCHIJFJES

VOOR 4 PERSONEN | BEREIDINGSTIJD 1 UUR EN 30 MINUTEN

4 wortels

165 g zoetzure zilveruitjes uit een pot

500 g mager runder- of vegagehakt

1 bos salie (20 g)

1 volle el zwartebessenjam

800 g aardappels

220 ml Guinness

1 liter groente- of kippenbouillon

Verwarm de oven voor op 180 °C. Was de wortels en snijd ze in stukjes van 3 cm. Bak ze 5 minuten in 1 eetlepel olijfolie in een grote, ondiepe braadpan met antiaanbaklaag op hoog vuur, of tot ze goudbruin zijn; roer regelmatig. Laat de zilveruitjes uitlekken, doe ze erbij, voeg dan het gehakt toe en bak 15 minuten onder regelmatig roeren. Doe halverwege de in stukjes gescheurde salieblaadjes erbij, voeg een snufje zeezout en zwarte peper toe, gevolgd door de jam, en laat de boel karamelliseren tot alles donker en lekker sticky is.

Boen ondertussen de aardappels. Snijd 200 g in blokjes en maal ze met de Guinness fijn in een blender. Giet het mengsel in de pan, laat het inkoken en dik worden, doe de bouillon erbij en breng aan de kook terwijl je de rest van de aardappels in iets minder dan ½ cm dikke schijfjes snijdt. Zet het vuur wanneer de stoof weer kookt laag en schik de aardappelschijfjes zodanig dat het hele oppervlak ermee bedekt is. Sprenkel er 1 eetlepel olie over en zet de pan 1 uur in de oven, of tot de aardappelschijfjes goudbruin, krokant en gaar zijn.

Deze waarden zijn gebaseerd op het recept met mager rundergehakt.

ENERGIE	VET	VERZ. VET	EIWIT	KOOLHYD.	SUIKER	ZOUT	VEZELS
503 kcal	13,8 g	3,8 g	38 g	56 g	16,4 g	1,8 g	6,2 g

GEHAKT MET ZWARTEBONENSAUS, GEMBER & KNOFLOOK

LUCHTIGE RIJST, EASY OMELETJES MET VERSE PEPER & LENTE-UITJES

VOOR 4 PERSONEN | BEREIDINGSTIJD 40 MINUTEN

500 g mager runder- of vegagehakt

6 cm gemberwortel

4 tenen knoflook

2 verse rode pepers

200 g zwartebonensaus

1 mok basmatirijst (300 g)

1 bos lente-uitjes

4 grote eieren

Zet het gehakt met 1 eetlepel olijfolie en flink wat zwarte peper in een koekenpan met antiaanbaklaag (doorsnede 26 cm) op hoog vuur, en rul het met een lepel. Bak het 10 minuten, of tot het begint te karamelliseren, terwijl je de gember en knoflook schilt en pelt, en met 1 rode peper zonder zaadjes fijnhakt. Roer ze door het gehakt, giet de zwartebonensaus erbij en stamp alles met een aardappelstamper. Zet het vuur op matig-hoog en bak 10 minuten onder regelmatig stampen, tot het gehakt donker is.

Doe ondertussen 1 mok rijst met 2 mokken kokend water uit de waterkoker (600 ml) en een klein snufje zeezout in een middelgrote pan. Kook de rijst 12 minuten op matig vuur, of tot het water geabsorbeerd is. Maak de lente-uitjes schoon, snijd het witte deel in stukjes van 1 cm en het groene deel samen met de overgebleven rode peper in dunne ringetjes. Roer de witte stukjes met 1 eetlepel rodewijnazijn door het gehakt, laat even sissen en giet er dan 400 ml kokend water uit de waterkoker bij. Laat 5 minuten pruttelen, of tot je een zalige zee van gehakt hebt, en verdeel het mengsel met de rijst over de borden.

Veeg de koekenpan vlug schoon, zet hem terug op hoog vuur en vet hem in met een prop keukenpapier met olie. Kluts een ei, laat het uitlopen over de bodem van de pan en strooi er een kwart van de ringetjes rode peper en lente-ui over. Bak de omelet 30 seconden en duw de rand dan met de achterkant van een lepel naar binnen. Schuif de omelet op je eerste portie en doe hetzelfde met de rest van de ingrediënten.

Deze waarden zijn gebaseerd op het recept met mager rundergehakt.

ENERGIE	VET	VERZ. VET	EIWIT	KOOLHYD.	SUIKER	ZOUT	VEZELS
578 kcal	16,3 g	5 g	41,3 g	71,2 g	5,2 g	1,6 g	1,3 g

BACON RAREBIT BURGER

CHAMPIGNONS, AUGURK & ZURE ROOM OP EEN ZACHTE BOL

VOOR 1 PERSOON | BEREIDINGSTIJD 12 MINUTEN

3 kastanjechampignons

125 g rundergehakt

2 plakjes ontbijtspek

1 zachte bol

2 volle tl zure room

1 augurk

25 g cheddar of belegen Goudse kaas

1 el worcestersaus

Snijd de steeltjes en onderste randjes van de paddenstoelen, zodat je mooie platte hoedjes overhoudt (bewaar de snijresten voor een andere keer). Leg de paddenstoelen op de snijkant aan een kant van een grote, droge koekenpan met antiaanbaklaag op hoog vuur. Bak ze 5 minuten, terwijl je het gehakt met de hand nog even flink door elkaar werkt. Verdeel het vlees in twee gelijke balletjes, druk ze uit tot iets minder dan ½ cm dikte en druk de plakjes spek erop.

Keer de paddenstoelen om, leg de burgers in de pan – met het spek onder – en strooi er een snufje zeezout en zwarte peper over. Bak ze 2 minuten op hoog vuur, terwijl je ze met een spatel aandrukt om het spek lekker krokant te maken. Keer ze om en bak de andere kant 1 minuut. Schep de champignons op de burgers, snijd het broodje open en leg de helften even in de pan. Leg het broodje op een bord en beleg de onderste helft met een laagje zure room, de burgers en champignons, en wat plakjes augurk.

Haal de pan van het vuur, rasp de kaas in een hoopje boven het schoonste deel van de pan, sprenkel er worcestersaus over en bak al roerend 30 seconden, of tot je een smeuïge massa hebt. Giet dit rarebit-mengsel op de burger, leg het kapje van het broodje erop en zet je tanden erin.

ENERGIE	VET	VERZ. VET	EIWIT	KOOLHYD.	SUIKER	ZOUT	VEZELS
517 kcal	24,3 g	12,3 g	42,3 g	34,1 g	4,6 g	2,8 g	2,3 g

EEN NOGAL BRITSE BOLOGNESE

ROZEMARIJN, PALE ALE, CHAMPIGNONS, CHEDDAR & SPECIALE PASTA

VOOR 2 PERSONEN + 6 PORTIES SAUS VOOR IN DE VRIEZER | BEREIDINGSTIJD 1 UUR EN 30 MINUTEN

2 takjes rozemarijn

400 g voorgesneden ui, wortel en bleekselderij

250 g kastanjechampignons

500 g mager runder-, varkens- of vegagehakt

500 ml pale ale

2 blikken van 400 g gepelde tomaten

250 g verse lasagnevellen

20 g cheddar of belegen Goudse kaas

Zet een grote, ondiepe braadpan met antiaanbaklaag op matig-hoog vuur. Ris de rozemarijnnaaldjes van de takjes, hak ze fijn en bak ze in 1 eetlepel olijfolie tot ze krokant zijn. Doe de voorgesneden groenten erbij en bak 10 minuten onder regelmatig roeren terwijl je de champignons schoonmaakt en fijnhakt. Roer ze met het gehakt door de groenten in de pan. Maak het vlees rul met je lepel en bak het mengsel 15 minuten, of tot het gehakt goudbruin en gekaramelliseerd is. Giet de pale ale erbij, laat inkoken, roer de tomaten en 1 tomatenblikje water erdoor en stamp alles met een aardappelstamper door elkaar. Laat de saus 1 uur op laag vuur pruttelen, stamp gaandeweg nog een paar keer om hem lekker dik te maken en breng op smaak.

Snijd de lasagnevellen voor 2 porties in reepjes van 2 cm, of leg ze voor een grappige variant op een stapel en maak er met ½ cm tussenruimte over het hele oppervlak sneetjes van 2 cm in. Kook de pasta 3 minuten in een grote pan gezouten kokend water, schep ze in een andere pan, meng er 2 porties van de bolognesesaus door en zo nodig een scheutje van het kookwater. Rasp de kaas erboven en ga meteen aan tafel. Verdeel de rest van de saus in porties, laat ze afkoelen en bewaar ze in de koelkast of vriezer voor een andere keer. Genieten!

Deze waarden zijn gebaseerd op het recept met mager rundergehakt.

ENERGIE	VET	VERZ. VET	EIWIT	KOOLHYD.	SUIKER	ZOUT	VEZELS
397 kcal	10,5 g	5,9 g	25,6 g	47,5 g	7,4 g	0,7 g	2 g

PLATBROOD MET CRISPY LAMSKEBAB

KNOFLOOK, VERSE PEPER, KOMIJN, GEMENGDE SLA & FETA

VOOR 2 PERSONEN | BEREIDINGSTIJD 25 MINUTEN

225 g zelfrijzend bakmeel,
plus extra om te bestuiven

1 rode ui

250 g lams- of vegagehakt

4 tenen knoflook

1 tl komijnzaad

1 verse rode peper

30 g feta

50 g gemengde sla

Strooi het meel met een snufje zout op een hoop in een kom, giet er 125 ml water bij en meng er een deeg van. Kneed het deeg 2 minuten op een met meel bestoven werkvlak, dek het af en laat het rusten. Pel de ui, hak hem fijn en meng een derde deel in een kleine kom met een snufje zout en 1 eetlepel rodewijnazijn om de ui vlug te pekelen. Bak het gehakt met ½ eetlepel olijfolie in een koekenpan met anti-aanbaklaag (doorsnede 30 cm) op matig vuur, terwijl je het met een lepel rul maakt. Roer de rest van de ui erdoor en voeg de gepelde en geraspte knoflook, de komijn, een beetje zout en een flinke snuf zwarte peper toe. Roer goed en bak het gehakt nog 3 minuten, of tot het licht goudbruin begint te worden. Rol en rek ondertussen het deeg uit tot een diameter van 35 cm.

Snijd de rode peper in ringetjes en roer ze met 1 eetlepel rodewijnazijn door het gehakt. Leg het uitgerolde deeg vlug over het uitgespreide gehakt in de pan heen en druk het met een houten lepel in de rand. Leg een deksel op de pan en bak het brood 5 minuten, of tot het opgeblazen en gaar is. Trek ovenwanten aan, leg een bord omgekeerd op de pan en stort het brood er met een soepele beweging op. Bestrooi het brood met verkruimelde feta, de slablaadjes en de gepekelde rode ui (met vocht en al), rol het op, snijd de rol in stukjes en smullen maar.

Deze waarden zijn gebaseerd op het recept met lamsgehakt.

ENERGIE	VET	VERZ. VET	EIWIT	KOOLHYD.	SUIKER	ZOUT	VEZELS
726 kcal	24,7 g	10,5 g	38,5 g	94 g	7,5 g	2,4 g	6 g

VARKENSGEHAKTBALLETJES MET APPEL

MOSTERD, AARDAPPELPUREE, ZURE ROOM & BIESLOOKSAUS

VOOR 4 PERSONEN | BEREIDINGSTIJD 35 MINUTEN

800 g aardappels

500 g mager varkensgehakt

1 tl grove mosterd

1 handappel

150 g zacht witbrood

1 liter verse kippenbouillon

65 g zure room

1 bos bieslook (20 g)

Schil de aardappels, snijd ze in gelijkmatige stukjes en kook ze 15 minuten in een grote pan gezouten kokend water, of tot ze zacht zijn. Doe ondertussen het gehakt met de mosterd in een kom en rasp de appel erboven. Maal 75 g van het brood in een blender tot kruimels, doe ze in de kom, voeg zeezout en zwarte peper toe en werk alles goed door elkaar. Verdeel het gehaktmengsel met vochtige handen in vier porties, verdeel elke portie in achten en draai er in totaal 32 balletjes van. Breng de bouillon in een grote pan zachtjes aan de kook en pocheer de balletjes 5 minuten, of tot ze gaar zijn.

Laat de aardappels uitlekken, doe ze terug in de pan, stamp ze met 1 eetlepel extra vierge olijfolie en breng de puree op smaak. Verdeel de puree over warme kommen en schep de gehaktballetjes er met een schuimspaan op. Scheur de zachte binnenkant van de rest van het brood in de blender en doe de zure room en de meeste bieslook erbij. Giet er 300 ml van de bouillon bij en pureer tot een fluweelzachte, luchtige saus. Voeg naar smaak peper en zout toe en verdeel de saus over de kommen. Hak de overgebleven bieslook, strooi hem erover en besprenkel met 1 eetlepel extra vierge olijfolie.

ENERGIE	VET	VERZ. VET	EIWIT	KOOLHYD.	SUIKER	ZOUT	VEZELS
475 kcal	16 g	4,9 g	32,1 g	51,9 g	5,5 g	1,2 g	4,3 g

MIJN MEXICAANSE GEHAKTBROOD

ZWARTE BONEN, ZOETE RODE PAPRIKA & JALAPEÑO'S

VOOR 4 PERSONEN | BEREIDINGSTIJD 1 UUR

1 rode ui

2 rode paprika's

14 gesneden groene jalapeño's, uit een pot

½ bos koriander (15 g)

1 blik van 400 g zwarte bonen

500 g mager rundergehakt

1 blik van 400 g gepelde tomaten

4 el zure room

Verwarm de oven voor op 220 °C. Pel de ui, snijd hem in parten en trek de laagjes los. Halveer de paprika's, verwijder de zaadjes en snijd ze in stukjes van 3 cm. Schep de ui en paprika met 1 eetlepel olijfolie in een braadslede van 25 x 35 cm door elkaar en zet ze 15 minuten in de oven terwijl je de jalapeño's en koriandersteeltjes fijnhakt; houd de korianderblaadjes apart. Laat de bonen uitlekken en doe de helft met het gehakt en de gehakte jalapeño's en koriandersteeltjes in een kom. Doe er een flinke snuf zeezout en zwarte peper bij, werk alles met de hand door elkaar en vorm er een brood van. Leg het gehaktbrood tussen de stukjes ui en paprika in de braadslede en bak het 15 minuten in de oven.

Haal de slede uit de oven en sprenkel 1 eetlepel rodewijnazijn om het gehaktbrood heen. Strooi de overgebleven bonen en de fijngeknepen gepelde tomaten in de braadslede, spoel het blik van de tomaten uit met een scheutje water en giet dat er ook bij. Roer de saus om het gehaktbrood heen, voeg peper en zout toe en zet nog 15 minuten terug in de oven, of tot het gehakt prachtig goudbruin en gaar is. Schep er voor het serveren klodders zure room op en garneer met de korianderblaadjes.

ENERGIE	VET	VERZ. VET	EIWIT	KOOLHYD.	SUIKER	ZOUT	VEZELS
327 kcal	12,9 g	5,1 g	33,2 g	17,2 g	10,7 g	1,7 g	9,7 g

1 **ESSEX HASSELBACK HOTPOT**

MALS LAM, WORTEL, CIDER, SALIE & BRANSTON PICKLE

2 **GEPOFTE BOMBAY-AARDAPPELS**

WORTELRAITA, GERASPTE PEPER & GEBAKKEN EI MET CRISPY MUNT

3 **CRISPY AARDAPPELTAART**

GEVULD MET CHEDDAR, RED LEICESTER, LENTE-UITJES & TOMAAT

4 **SUPERSNELLE MET KAAS GEVULDE AARDAPPELNAAN**

SPINAZIE, ZOETE UIEN, SPECERIJEN & MANGOCHUTNEYYOGHURT

5 **VIS MET CRISPY AARDAPPELTJES**

PESTO VAN AMANDEL, BASILICUM & ZONGEDROOGDE TOMAAT & BOONTJES

6 **AARDAPPELLASAGNE**

ROMIGE ASPERGESAUS, GORGONZOLA & PESTO

7 **MIJN HUZARENSALADE**

CORNICHONS, APPEL, WORTEL, ERWTEN & BIESLOOK

AARDAPPEL

ESSEX HASSELBACK HOTPOT

MALS LAM, WORTEL, CIDER, SALIE & BRANSTON PICKLE

VOOR 4 PERSONEN | BEREIDINGSTIJD 2 UUR

500 g lamsstoofvlees, in blokjes

2 uien

2 wortels

1 bos salie (20 g)

1 el Branston Pickle of een andere zoet-zure groentechutney

2 el bloem

500 ml droge cider

750 g nieuwe aardappels

Kruid de blokjes lamsvlees met zeezout en flink veel zwarte peper en braad ze rondom bruin in een ondiepe braadpan met 1 eetlepel olijfolie op hoog vuur. Pel ondertussen de uien, schil de wortels en snijd ze in ongeveer even grote stukjes als het vlees. Schep de blokjes vlees met een schuimspaan op een bord, zodat het vet in de pan achterblijft. Zet het vuur wat lager, roer de ui en wortel door het vet, voeg de in stukjes gescheurde salieblaadjes toe en giet een scheutje water in de pan. Kook 10 minuten onder regelmatig roeren. Doe het vlees terug in de pan en roer vervolgens eerst de pickle en dan de bloem erdoor. Voeg de cider en 600 ml water toe om alles onder te zetten.

Verwarm de oven voor op 180 °C. Leg een aardappel op een plank tussen de stelen van twee houten lepels en maak er met ½ cm tussenruimte sneetjes in (de lepels zorgen ervoor dat je er niet helemaal doorheen gaat). Herhaal dit met de rest van de aardappels. Roer de stoof, voeg naar smaak peper en zout toe en druk de aardappels er met de snijkant naar boven in. Zet de pan 1 uur en 30 minuten in de oven, of tot de aardappels goudbruin zijn en de heerlijke smaken geabsorbeerd hebben.

ENERGIE	VET	VERZ. VET	EIWIT	KOOLHYD.	SUIKER	ZOUT	VEZELS
591 kcal	20,4 g	8,2 g	34,8 g	63 g	15 g	1,1 g	6 g

GEPOFTE BOMBAY-AARDAPPELS

WORTELRAITA, GERASPTE PEPER & GEBAKKEN EI MET CRISPY MUNT

VOOR 2 PERSONEN | BEREIDINGSTIJD 1 UUR 10 EN MINUTEN

2 grote pofaardappels

2 tl garam masala,
plus extra om te bestrooien

2 grote wortels

3 volle el Griekse yoghurt

½ bos munt (15 g)

2 grote eieren

1 rode peper, vers of uit de diepvries

Verwarm de oven voor op 200 °C. Boen de aardappels, prik er met een vork rondom gaatjes in en wrijf ze in met 1 theelepel olijfolie, de garam masala en een snufje zeezout. Leg ze op een bakplaat en bak ze 1 uur in de oven. Was ondertussen de wortels, rasp ze fijn, wikkel ze in een schone theedoek en knijp er zoveel mogelijk vocht uit. Meng ze in een kom met de yoghurt en voeg naar smaak peper en zout toe.

Zet vlak voordat de aardappels klaar zijn een grote koekenpan met antiaanbaklaag met 1 eetlepel olie op matig-hoog vuur. Pluk de muntblaadjes, doe ze in de pan en breek na 1 minuut de eieren erboven. Strooi er een extra snufje garam masala over en bak de eieren naar wens. Snijd de aardappels open en schep de wortelraita erin. Hak de verse rode peper fijn (of rasp een diepvriespeper) en strooi hem er naar smaak over. Serveer de gebakken eieren ernaast.

ENERGIE	VET	VERZ. VET	EIWIT	KOOLHYD.	SUIKER	ZOUT	VEZELS
444 kcal	17,7 g	6,2 g	16,9 g	58,3 g	10,9 g	1,1 g	6,1 g

CRISPY AARDAPPELTAART

GEVULD MET CHEDDAR, RED LEICESTER, LENTE-UITJES & TOMAAT

VOOR 4 PERSONEN | BEREIDINGSTIJD 1 UUR 30 MINUTEN

1 kg aardappels

350 g rijpe tomaten

1 bos lente-uitjes

50 g cheddar of belegen Goudse kaas

50 g Red Leicester of oude boerenkaas

1 citroen

70 g rucola

Schil de aardappels, snijd ze in gelijke stukken en kook ze 15 minuten in een grote pan gezouten kokend water, of tot ze zacht zijn. Snijd de tomaten ondertussen doormidden, knijp de zaadjes eruit en snijd het vruchtvlees in blokjes. Schep ze om met een flinke snuf zeezout en laat ze in een zeef uitlekken. Maak de lente-uitjes schoon en snijd ze in dunne ringetjes. Rasp de twee soorten kaas grof. Druk zoveel mogelijk water uit de blokjes tomaat en meng ze met de lente-ui en kaas. Leg alvast een vel bakpapier van 40 x 30 cm klaar.

Verwarm de oven voor op 200 °C. Giet de stukjes aardappel af, stamp ze fijn met 2 eetlepels extra vierge olijfolie en stort de puree op het vel bakpapier. Druk de puree wanneer die voldoende afgekoeld is met ingevette handen uit tot een 1 cm dikke rechthoek. Spreid het tomatenmengsel op een helft van de puree uit, maar laat een rand van 2 cm vrij, en klap de andere helft van de puree er met papier en al in een vloeiende beweging overheen. Trek het papier aan de bovenkant los, gebruik het om de hele boel in een braadslede van 20 x 30 cm te schuiven en scheur het overhangende stuk papier af. Druk de puree in de randen, smeer eventuele gaatjes dicht, strijk het oppervlak met een mes glad en maak er als je wilt een leuk patroontje in. Kwast het oppervlak in met 1 eetlepel olijfolie en bak de taart 50 minuten in de oven, of tot er een goudbruin, krokant korstje op zit. Snijd hem in vier stukken en serveer met wat met citroensap aangemaakte rucola.

ENERGIE	VET	VERZ. VET	EIWIT	KOOLHYD.	SUIKER	ZOUT	VEZELS
402 kcal	19,3 g	6,9 g	13,1 g	46,9 g	5,1 g	1,1 g	4,8 g

SUPERSNELLE GEVULDE AARDAPPELNAAN

SPINAZIE, ZOETE UIEN, SPECERIJEN & MANGOCHUTNEYYOGHURT

VOOR 4 PERSONEN | BEREIDINGSTIJD 50 MINUTEN

300 g zelfrijzend bakmeel, plus extra om te bestuiven

1 aardappel (250 g)

2 uien

300 g diepvriesspinazie

1 volle el madras-currypasta

2 volle tl mangochutney

2 volle el biologische yoghurt

40 g feta

Strooi het meel met een snufje zeezout op een hoop in een grote kom. Giet er 150 ml water bij, meng er een deeg van, kneed het 3 minuten en laat het rusten. Schil en pel de aardappel en uien, snijd ze in stukjes van 3 cm, kook ze 10 minuten in een pan gezouten kokend water en laat ze uitlekken. Zet ondertussen de spinazie met de currypasta in een grote pan met antiaanbaklaag op laag vuur, leg een deksel op de pan en laat de spinazie ontdooien en zachtjes bakken. Roer de uitgelekte aardappel en ui erdoor. Bak het mengsel onder regelmatig prakken op matig-hoog vuur tot het goudbruin en krokant is, en spreid het op een bord uit om af te koelen.

Verdeel het deeg in twee porties, draai er ballen van en rol en rek ze op een met meel bestoven werkvlak uit tot een diameter van 15 cm. Verdeel de gebakken vulling in twee porties, draai er compacte balletjes van, leg er een op elke lap deeg en vouw het deeg er voorzichtig omheen. Druk de gevulde deegballen opnieuw uit tot een diameter van 15 cm. Bak de naans 10 minuten in 1 eetlepel olijfolie in een pan op matig-laag vuur en keer ze een paar keer om tot ze donker-goudbruin en opgeblazen zijn. Marmer de mangochutney door de yoghurt en strooi voor het serveren wat feta over de naans. Nu alleen nog even in partjes snijden en dippen maar!

ENERGIE	VET	VERZ. VET	EIWIT	KOOLHYD.	SUIKER	ZOUT	VEZELS
457 kcal	9,9 g	2,6 g	14,1 g	82,5 g	13,5 g	1,8 g	4,5 g

VIS MET CRISPY AARDAPPELTJES

PESTO VAN AMANDEL, BASILICUM & ZONGEDROOGDE TOMAAT & BOONTJES

VOOR 2 PERSONEN | BEREIDINGSTIJD 20 MINUTEN

1 aardappel (250 g)

2 x 140 g witvisfilet, zonder huid en graten

160 g haricots verts

½ bos basilicum (15 g)

½ teen knoflook

20 g blanke amandelen

2 zongedroogde tomaten

20 g parmezaan

Zet de grill op de hoogste stand. Boen de aardappel en snijd hem met een dunschiller in brede linten. Schep de linten in een grote kom om met de visfilets, 1 theelepel olijfolie en een snuf zeezout en zwarte peper. Leg de filets op een bakplaat met antiaanbaklaag en leg de aardappellinten er zorgvuldig, in mooie golfjes op. Gril de filets 10 minuten, of tot de aardappellinten goudbruin en gaar zijn (houd ze wel goed in de gaten).

Maak ondertussen de haricots verts schoon en kook ze 7 minuten in een pan gezouten kokend water, of tot ze net zacht zijn. Pluk de bovenste helft van de bos basilicum, doe de blaadjes in een vijzel en wrijf er met een snufje zout een groene pasta van. Pel de knoflook en stamp hem erdoor, gevolgd door de amandelen en 1 zongedroogde tomaat. Rasp de meeste parmezaan erboven, werk er 3 eetlepels extra vierge olijfolie door en breng de pesto op smaak. Hak de overgebleven zongedroogde tomaat fijn. Serveer de vis met de crispy aardappel, boontjes en pesto, strooi de gehakte tomaat erover, besprenkel met een beetje extra vierge olijfolie en rasp tot slot het laatste beetje parmezaan erboven.

ENERGIE	VET	VERZ. VET	EIWIT	KOOLHYD.	SUIKER	ZOUT	VEZELS
553 kcal	34,9 g	6 g	35,4 g	25,9 g	3,2 g	1,6 g	4,3 g

AARDAPPELLASAGNE

ROMIGE ASPERGESAUS, GORGONZOLA & PESTO

VOOR 6 PERSONEN | BEREIDINGSTIJD 2 UUR EN 10 MINUTEN

2 bundels groene asperges
(700 g in totaal)

2 uien

50 g bloem

1 liter halfvolle melk

800 g grote aardappels

30 g parmezaan

70 g gorgonzola

1 el groene pesto

Verwarm de oven voor op 180 °C. Breek het houtachtige uiteinde van de asperges en snijd de onderste 3 cm van de asperges fijn (bewaar de rest). Pel de uien en snijd ze fijn. Zet de gesneden groenten met 2 eetlepels olijfolie in een grote pan met antiaanbaklaag op matig vuur en bak ze 15 minuten onder regelmatig roeren, of tot ze zacht zijn. Voeg al roerend eerst de bloem en vervolgens geleidelijk de melk erdoor. Blijf 5 minuten roeren, maal de boel (zo nodig in porties) fijn in een blender en giet terug in de pan. Boen de aardappels, snijd ze in dunne plakjes, roer ze door de saus en laat ze nog 5 minuten op laag vuur pruttelen; roer regelmatig. Rasp de parmezaan erboven en voeg naar smaak peper en zout toe. Snijd de rest van de asperges in de lengte doormidden, maar laat eventuele dunne steeltjes heel.

Zet een mooie ovenschaal (van ongeveer 25 x 30 cm) klaar en schep er zo veel saus en aardappels in dat het hele oppervlak bedekt is. Strooi er een paar asperges en stukjes gorgonzola over, herhaal dit tot alles op is en sluit af met asperges en een beetje saus. Zet de schaal 1 uur in de oven, of tot er een goudbruin pruttelend korstje op zit en de aardappels gaar zijn. Laat de lasagne voor het serveren 10 minuten rusten en schep er klodders pesto op.

ENERGIE	VET	VERZ. VET	EIWIT	KOOLHYD.	SUIKER	ZOUT	VEZELS
378 kcal	15,4 g	6 g	17,8 g	44,8 g	14,8 g	0,8 g	3,4 g

MIJN HUZARENSALADE

CORNICHONS, APPEL, WORTEL, ERWTEN & BIESLOOK

VOOR 8 PERSONEN ALS BIJGERECHT | BEREIDINGSTIJD 25 MINUTEN

800 g nieuwe aardappels

400 g wortels

200 g diepvriesdoperwten

8 volle el biologische yoghurt

2 volle tl grove mosterd

100 g gemengde cornichons en zilveruitjes

2 handappels

½ bos bieslook (10 g)

Boen de aardappels, schrap de wortels en snijd ze in blokjes van 1½ cm. Kook ze 10 minuten in een grote pan gezouten kokend water, of tot ze zacht zijn, en kook de erwten de laatste 2 minuten mee. Maak ondertussen de dressing door de yoghurt en mosterd in een grote kom met 1 eetlepel rodewijnazijn te mengen. Hak de cornichons en zilveruitjes fijn en roer ze erdoor. Doe er 2 eetlepels kookwater van de aardappels bij, prak een paar stukjes aardappel tot fijne puree en roer die door de dressing om hem extra romig te maken. Breng op smaak.

Giet de groenten af en laat ze uitdampen. Verwijder ondertussen de klokhuizen uit de appels en snijd ze in blokjes van 1½ cm. Hak de meeste bieslook fijn en roer de helft met de appel, aardappel en wortel door de dressing. Maak de salade af met de overgebleven bieslook en sprenkel er 1 eetlepel extra vierge olijfolie over.

ENERGIE	VET	VERZ. VET	EIWIT	KOOLHYD.	SUIKER	ZOUT	VEZELS
179 kcal	4,5 g	1,5 g	6 g	30,4 g	11,8 g	0,4 g	4,3 g

1 **DUBBELE PAPRIKAKIP**
KIKKERERWTEN MET ZOETE PAPRIKA & CRUNCHY PAPRIKASALSA

2 **STICKY PAPRIKA MET MISO**
TOFU, ANANAS, MIHOEN & GEKNEUSDE WASABI-ERWTEN

3 **PAPRIKA MET CHORIZO & GARNALEN UIT DE OVEN**
PRACHTIG LUCHTIGE RIJST, KNOFLOOK, PETERSELIE, CITROEN & YOGHURT

4 **PAPRIKA & KIP JALFREZI UIT DE OVEN**
VEEL VERSE LAURIER, ZACHTE KNOFLOOK, VERSE GROENE PEPER, ZOETE UI & YOGHURT

5 **ZOETE PAPRIKA & AARDAPPELPARTJES**
ROEREI, RED LEICESTER, HÜTTENKÄSE & PETERSELIE

6 **GEVULDE RODE PAPRIKA'S**
AVOCADO, LIMOEN & FETA, SNELLE STOOF MET ZWARTE BONEN & GEROOKTE HAM

7 **FAJITA'S MET GESCHROEIDE PAPRIKA'S**
WITTE BONEN, RODE UI, GELEPAPRIKASAUS MET GEROOKTE AMANDEL

PAPRIKA

DUBBELE PAPRIKAKIP

KIKKERERWTEN MET ZOETE PAPRIKA & CRUNCHY PAPRIKASALSA

VOOR 4 PERSONEN | BEREIDINGSTIJD 35 MINUTEN

3 rode paprika's

1 rode ui

6 tenen knoflook

½ bos basilicum (15 g)

1 blik van 400 g gepelde tomaten

2 blikken van 400 g kikkererwten

4 x 150 g kipfilet

dikke balsamicoazijn

Halveer de paprika's en verwijder de zaadjes, snijd ze in kleine blokjes en bak de helft in 1 eetlepel olijfolie in een grote koekenpan met antiaanbaklaag op matig vuur. Pel de ui, hak hem fijn en doe driekwart in de pan. Pel 2 tenen knoflook, snijd ze in dunne plakjes, doe ze erbij en blijf 10 minuten regelmatig roeren, of tot alles zacht is. Meng ondertussen voor de salsa de rest van de paprika en ui met ½ eetlepel (van elk) rodewijnazijn en extra vierge olijfolie. Hak de geplukte basilicumblaadjes, roer de meeste erdoor en voeg naar smaak peper en zout toe.

Roer 1 eetlepel rodewijnazijn door de paprika in de pan en doe hem met de tomaten uit blik in een blender. Pureer tot een fluweelzachte saus, giet hem in de pan, roer de uitgelekte kikkererwten erdoor en laat 15 minuten pruttelen. Kerf de kipfilets kruislings in en bak ze in totaal 8 minuten in 1 eetlepel olie met de rest van de (ongepelde) tenen knoflook in een grote koekenpan met antiaanbaklaag op matig vuur, of tot de kip goudbruin, sappig en gaar is. Keer de kipfilets halverwege om. Snijd ze in dikke plakken, serveer ze met de salsa, knoflook en apart gehouden basilicumblaadjes op de kikkererwten en besprenkel ze met balsamicozijn.

ENERGIE	VET	VERZ. VET	EIWIT	KOOLHYD.	SUIKER	ZOUT	VEZELS
439 kcal	14,5 g	2,6 g	46,5 g	31,8 g	12 g	0,2 g	10 g

STICKY PAPRIKA MET MISO

TOFU, ANANAS, MIHOEN & GEKNEUSDE WASABI-ERWTEN

VOOR 2 PERSONEN | BEREIDINGSTIJD 25 MINUTEN

1 blik van 220 g ananasschijven op sap

280 g extra stevige tofu

2 verschillend gekleurde paprika's

4 lente-uitjes

4 tenen knoflook

90 g mihoen

20 g wasabi-erwten

2 volle tl rode misopasta

Leg de ananasschijven in een grote, droge koekenpan met antiaanbaklaag op matig vuur; bewaar het sap. Snijd de tofu in vier stukken en leg ze erbij. Bak ze 4 minuten op laag vuur, keer ze om, bak de andere kant, schep ze op een bord en laat de pan op het vuur staan. Verwijder de zaadjes uit de paprika's, snijd ze in stukjes van 2 cm, doe ze met ½ eetlepel olie in de pan en zet het vuur op matig-laag. Maak de lente-uitjes schoon, snijd de witte delen in stukjes van 2 cm, doe ze in de pan en leg de groene delen even opzij. Pel de knoflook, snijd hem in dunne plakjes, doe ze in de pan en bak ongeveer 10 minuten onder regelmatig roeren, of tot alles zacht en licht geschroeid is. Snijd de groene delen van de lente-ui in dunne ringetjes. Doe de mihoen met kokend water uit de waterkoker in een kom. Stamp de wasabi-erwten fijn in een vijzel.

Meng de misopasta met het apart gehouden ananassap en giet het mengsel met een scheutje water bij de paprika in de pan. Laat een minuut sissen en leg dan de tofu en ananas terug in de pan om ze te glaceren. Giet de mihoen af, verdeel over de borden en schep de sticky paprika erover, gevolgd door de tofu en ananas. Strooi de ringetjes lente-ui en de gestampte wasabi-erwten erover en ga meteen aan tafel.

ENERGIE	VET	VERZ. VET	EIWIT	KOOLHYD.	SUIKER	ZOUT	VEZELS
459 kcal	12 g	2,1 g	18,4 g	68,2 g	25,2 g	1,5 g	4,7 g

PAPRIKA, CHORIZO & GARNALENSCHOTEL

PRACHTIG LUCHTIGE RIJST, KNOFLOOK, PETERSELIE, CITROEN & YOGHURT

VOOR 4 PERSONEN | BEREIDINGSTIJD 40 MINUTEN

3 verschillend gekleurde paprika's

½ bos bladpeterselie (15 g)

50 g chorizo

4 tenen knoflook

1 mok basmatirijst (300 g)

320 g rauwe grote garnalen, gepeld

2 citroenen

4 el biologische yoghurt

Verwarm de oven voor op 220 °C. Snijd elke paprika in vier ringen, verwijder de zaadjes en leg ze 15 minuten direct op het rooster in de oven, of tot ze zacht zijn. Hak ondertussen de peterselie met steeltjes en al fijn en zet de gehakte blaadjes even opzij. Snijd de chorizo in kleine stukjes en zet ze met ½ eetlepel olijfolie in een ovenbestendige pan van 30 cm met antiaanbaklaag op matig-hoog vuur. Bak al roerend 1 minuut, of tot de stukjes krokant zijn. Pel en rasp de knoflook, voeg hem met de gehakte peterseliesteeltjes toe en bak al roerend 1 minuut mee. Schep de chorizo in een kom en laat de pan op het vuur staan. Doe 1 mok rijst met 2 mokken kokend water uit de waterkoker (600 ml) in de pan, roer er een snuf zeezout en zwarte peper door, druk de paprikaringen erin en zet de pan afgedekt 15 minuten in de oven.

Doe de garnalen bij het chorizomengsel, rasp alle citroenschil erover, voeg het sap van 1 citroen toe en meng alles goed. Haal de pan rijst wanneer de tijd erop zit uit de oven, strooi het chorizomengsel erover en druk de garnalen voorzichtig in de rijst. Zet de pan nog 5 minuten terug in de oven, of tot de garnalen gaar zijn. Sprenkel er 1 eetlepel extra vierge olijfolie over en bestrooi met de apart gehouden peterselieblaadjes. Serveer met de yoghurt en de in partjes gesneden overgebleven geraspte citroen, om uit te knijpen.

ENERGIE	VET	VERZ. VET	EIWIT	KOOLHYD.	SUIKER	ZOUT	VEZELS
466 kcal	11 g	3 g	25,6 g	70,6 g	6,8 g	1,4 g	3,7 g

PAPRIKA & KIP JALFREZI UIT DE OVEN

VERSE LAURIER, KNOFLOOK, VERSE GROENE PEPER, ZOETE UI & YOGHURT

VOOR 4 PERSONEN | BEREIDINGSTIJD 1 UUR

4 kipkarbonades

8 tenen knoflook

2 verse groene pepers

3 rode paprika's

8 verse laurierblaadjes

1 volle el jalfrezi-currypasta

2 el uienmarmelade

4 el biologische yoghurt

Verwarm de oven voor op 180 °C en zet een zware braadslede van 25 x 35 cm op matig vuur op het fornuis. Kruid de kipkarbonades met een snufje zeezout en zwarte peper en leg ze met 1 eetlepel olijfolie op het vel in de slede. Pel de knoflook, halveer de pepers en verwijder de zaadjes, en strooi ze om de kipkarbonades heen. Breek de paprika's in kwarten, verwijder de zaadjes en leg ze ook in de slede.

Keer de kipkarbonades wanneer ze goudbruin zijn om, voeg de laurierblaadjes, jalfrezipasta en uienmarmelade toe en schep alles met een tang door elkaar. Laat de kip 5 minuten op het vuur sissen, doe er 2 eetlepels rodewijnazijn bij en zet de slede 45 minuten in de oven, of tot de kip van het bot valt. Prak de zachte knoflook door het braadvocht, marmer de yoghurt erdoor en ga aan tafel.

ENERGIE	VET	VERZ. VET	EIWIT	KOOLHYD.	SUIKER	ZOUT	VEZELS
316 kcal	19,5 g	4,8 g	20,7 g	14,6 g	11,6 g	1,1 g	3,2 g

ZOETE PAPRIKA & AARDAPPELWEDGES

ROEREI, RED LEICESTER, HÜTTENKÄSE & PETERSELIE

VOOR 4 PERSONEN | BEREIDINGSTIJD 1 UUR

1 kg aardappels

2 uien

2 tenen knoflook

4 verschillend gekleurde paprika's

1 bos bladpeterselie (30 g)

4 grote eieren

4 el hüttenkäse

40 g Red Leicester of oude boerenkaas

Verwarm de oven voor op 200 °C. Boen de aardappels, snijd ze in de lengte in 2 cm brede partjes, schep ze om met 2 eetlepels olijfolie en een snufje zeezout en zwarte peper, en spreid ze in een enkele laag uit op de grootste bakplaat die je hebt. Bak ze 40 minuten, of tot ze goudbruin en gaar zijn; schep ze halverwege om. Pel ondertussen de uien en knoflook, snijd de uien in ringen en de knoflook in plakjes en bak ze in 1 eetlepel olie in een grote koekenpan met antiaanbaklaag op matig-laag vuur. Halveer de paprika's, verwijder de zaadjes en snijd ze in reepjes. Doe ze bij de ui en knoflook en bak 30 minuten onder regelmatig roeren, of tot ze zacht en zoet zijn. Voeg wanneer de tijd er bijna op zit 2 eetlepels rodewijnazijn en peper en zout naar smaak toe.

Hak de bovenste helft van de bos peterselie en kluts de eieren. Nou is het het makkelijkst om dit gerecht per twee porties af te maken, dus schep de helft van de inhoud van de pan op een bord. Doe de helft van de partjes aardappel in de pan, giet de helft van het geklutste ei erbij, strooi er een kwart van de gehakte peterselie bij en schep de boel op hoog vuur door elkaar tot het ei net gestold is. Verdeel over twee borden en schep de helft van de hüttenkäse erop. Rasp de helft van de kaas erboven, maak de porties af met een kwart van de peterselie en laat twee gelukkigen alvast beginnen met eten terwijl jij met de volgende twee porties aan de slag gaat.

ENERGIE	VET	VERZ. VET	EIWIT	KOOLHYD.	SUIKER	ZOUT	VEZELS
489 kcal	21,7 g	5,9 g	19,2 g	58,5 g	14,1 g	1,1 g	8,5 g

GEVULDE RODE PAPRIKA'S

AVOCADO, LIMOEN & FETA, SNELLE STOOF MET ZWARTE BONEN & GEROOKTE HAM

VOOR 4 PERSONEN | BEREIDINGSTIJD 40 MINUTEN

4 kleine rode paprika's

200 g plakjes gerookte ham

1 ui

2 blikken van 400 g zwarte bonen

1 pakje van 250 g gekookte gemengde granen

60 g feta

1 rijpe avocado

2 limoenen

Verwarm de oven voor op 200 °C. Snijd de kapjes van de paprika's, verwijder de zaadjes en zet de paprika's en kapjes direct op het rooster in de oven om zacht te laten worden. Snijd ondertussen de ham in kleine stukjes en bak ze onder regelmatig roeren in 1 eetlepel olijfolie in een grote, ovenbestendige koekenpan met anti-aanbaklaag op matig vuur. Pel ondertussen de ui en hak hem fijn. Roer wanneer de ham krokant is de ui erdoor en bak 5 minuten onder regelmatig roeren, of tot de ui zacht is. Roer er 1 eetlepel rodewijnazijn door en giet de zwarte bonen er met vocht en al bij. Haal de paprika's uit de oven en druk de onderkanten voorzichtig in de stoof. Verdeel de granen met een beetje feta over de paprika's en leg de kapjes er scheef op. Zet de pan 20 minuten in de oven, of tot de paprika's gaar zijn, en breng de stoof met peper en zout op smaak.

Halveer de avocado en verwijder de pit. Schep het vruchtvlees uit de schil, snijd het in blokjes en maak ze aan met het sap van 1 limoen en een snufje peper en zout. Schep de blokjes avocado op de paprika's, kruimel de rest van de feta erover en serveer met partjes limoen, om uit te knijpen.

ENERGIE	VET	VERZ. VET	EIWIT	KOOLHYD.	SUIKER	ZOUT	VEZELS
454 kcal	19 g	5,2 g	27,4 g	36,9 g	11,6 g	1,7 g	18,9 g

FAJITA'S MET GESCHROEIDE PAPRIKA'S

WITTE BONEN, RODE UI & GELEPAPRIKASAUS MET GEROOKTE AMANDEL

VOOR 2 PERSONEN | BEREIDINGSTIJD 35 MINUTEN

3 verschillend gekleurde paprika's

1 limoen

30 g gerookte amandelen

2 rode uien

1 blik van 400 g cannellinibonen

4 maistortilla's

2 el hüttenkäse

½ bos koriander (15 g)

Zet een grote koekenpan met antiaanbaklaag op hoog vuur. Verwijder de zaadjes van de gele paprika, snijd hem in kleine stukjes en schroei ze 3 minuten in de droge pan. Doe ondertussen het sap van de limoen met ½ eetlepel rodewijnazijn, de helft van de amandelen en 150 ml water in een blender. Voeg de geroosterde gele paprika toe en pureer tot een gladde saus.

Snijd de rest van de paprika's in 1 cm brede ringen, verwijder de zaadjes en leg de ringen in de hete pan. Pel de uien, snijd ze in 1 cm dikke ringen, leg ze in de pan en bak 10 minuten onder regelmatig roeren, of tot alles zacht en geschroeid is. Giet de bonen er met vocht en al bij, gevolgd door de gelepaprikasaus. Laat het mengsel 5 minuten pruttelen en inkoken, of tot de saus lekker dik is, en voeg naar smaak peper en zout toe. Hak of stamp de rest van de amandelen. Warm de tortilla's op, schep het paprika-bonenmengsel en de hüttenkäse erop, strooi de geplukte korianderblaadjes erover en maak de porties af met de gehakte amandelen.

ENERGIE	VET	VERZ. VET	EIWIT	KOOLHYD.	SUIKER	ZOUT	VEZELS
581 kcal	14,5 g	2 g	23,8 g	84,8 g	25,7 g	1 g	19,5 g

GARNALEN

GARNALENTOAST

LENTE-UITJES, GEMBER, SESAM & ZOETE CHILISAUS

VOOR 2 PERSONEN | BEREIDINGSTIJD 20 MINUTEN

2 lente-uitjes

160 g rauwe grote garnalen, gepeld

2 cm gemberwortel

½ el zoutarme sojasaus

1 groot ei

4 sneetjes witbrood

2 el sesamzaad

1 el zoete chilisaus

Maak de lente-uitjes schoon en snijd ze samen met het grootste deel van de garnalen fijn (bewaar een paar garnalen voor later). Schil de gember, rasp hem fijn, strooi hem erover, voeg de sojasaus en eidooier toe (bewaar het eiwit) en hak alles door elkaar. Verdeel het mengsel over twee sneetjes brood en leg de andere twee sneetjes erop.

Nou kun je zowel een tosti-ijzer als een koekenpan met antiaanbaklaag gebruiken, maar laat ze in beide gevallen goed heet worden. Kwast de tosti's aan beide kanten in met het eiwit, druk het sesamzaad erop, halveer de bewaarde garnalen in de lengte en druk ze aan een kant van de broodjes. Bak de tosti's 3 minuten in een tosti-ijzer, of bak ze in 1 theelepel olijfolie in de pan, leg er iets zwaars op en rooster ze 2½ minuut aan beide kanten, of tot ze goudbruin zijn. Snijd de tosti's in stukjes en geef er zoete chilisaus bij om te dippen. Het is ook leuk om er een laagje chilisaus op te smeren.

ENERGIE	VET	VERZ. VET	EIWIT	KOOLHYD.	SUIKER	ZOUT	VEZELS
366 kcal	11,2 g	2,4 g	25,1 g	40,6 g	7,2 g	1,8 g	2,7 g

GEURIGE GARNALENBALLETJES

EASY DUMPLINGS, GROENE ASPERGES, VERSE PEPER & BOUILLON

VOOR 2 PERSONEN | BEREIDINGSTIJD 20 MINUTEN

100 g zelfrijzend bakmeel

2 tenen knoflook

4 cm gemberwortel

½ bos koriander (15 g)

160 g rauwe grote garnalen, gepeld

160 g dunne groene asperges

500 ml verse kippenbouillon

1 verse rode peper

Meng het meel met 50 ml water, een snufje zeezout en 1 eetlepel olijfolie, en kneed het tot je net een glad deeg hebt (kneed niet te lang door). Dek het af en laat even rusten. Pel de knoflook en snijd hem op een plank in dunne plakjes. Schil de gember en snijd hem ook op de plank in luciferdunne reepjes. Hak daarbovenop de koriandersteeltjes fijn (bewaar de blaadjes), leg de garnalen er in een hoopje op en hak de hele boel tot een grove pasta. Verdeel het mengsel in acht porties en draai er balletjes van. Verdeel het deeg ook in achten en maak er dumplings van. Breek het houtachtige uiteinde van de asperges en snijd elke stengel in drie stukjes.

Breng de bouillon in een ondiepe pan aan de kook. Leg de dumplings erin en laat ze afgedekt 3 minuten pruttelen. Doe dan de garnalenballetjes erbij, laat ze 2 minuten meepruttelen, voeg de stukjes asperge toe en laat de pan nog 1 minuut op het vuur staan. Breng de bouillon met peper en zout op smaak. Snijd de rode peper in dunne ringetjes en strooi ze er met de korianderblaadjes over. Verdeel de bouillon en balletjes over de kommen en besprenkel elke portie met 1 theelepel extra vierge olijfolie.

ENERGIE	VET	VERZ. VET	EIWIT	KOOLHYD.	SUIKER	ZOUT	VEZELS
369 kcal	11,1 g	1,8 g	28 g	41,6 g	2,9 g	1,7 g	3,2 g

KNOFLOOKGARNALEN-KEBABS

ZOETE GEGRILDE PAPRIKA, BROOD, FETA & SNELLE TOMATENSAUS

VOOR 2 PERSONEN | BEREIDINGSTIJD 25 MINUTEN

75 g goed zuurdesembrood

160 g rauwe grote garnalen, gepeld

½ pot van 465 g geroosterde rode paprika

3 tenen knoflook

½ bos bladpeterselie (15 g)

1 citroen

1 blik van 400 g kerstomaatjes

20 g feta

Zet de grill op de hoogste stand. Snijd het brood in 1 cm dikke sneetjes, vervolgens in stukjes van 3 cm en doe ze met de garnalen in een grote kom. Laat de paprika's uitlekken, snijd ze in de lengte in reepjes van 3 cm en doe ze in de kom. Pel de knoflook, hak 1 teen fijn en doe hem in de kom. Snijd de andere 2 tenen in plakjes en zet opzij. Hak de peterselie met steeltjes en al fijn en doe ze bij het mengsel. Rasp de citroenschil erboven, voeg de helft van het citroensap met 1 eetlepel olijfolie en een snufje zwarte peper toe en meng alles goed. Rijg de garnalen en stukjes brood en paprika om en om aan twee spiezen, maar druk ze niet al te stevig aan. Leg de spiezen dwars op een braadslede, gril ze 6 tot 8 minuten en keer ze halverwege om – houd ze goed in de gaten!

Zet ondertussen een koekenpan met antiaanbaklaag met ½ eetlepel olijfolie en de plakjes knoflook op matig vuur. Bak ze 2 minuten onder regelmatig roeren, of tot ze licht goudbruin zijn, giet de tomaatjes uit blik erbij en laat pruttelen tot de kebabs klaar zijn. Druk de tomaatjes met de achterkant van je lepel stuk. Voeg een kneepje citroensap en peper en zout naar smaak toe. Serveer de kebabs op de saus, verkruimel de feta erboven, bestrooi met zwarte peper en besprenkel met 1 theelepel extra vierge olijfolie.

ENERGIE	VET	VERZ. VET	EIWIT	KOOLHYD.	SUIKER	ZOUT	VEZELS
354 kcal	16 g	3,6 g	22,9 g	29,4 g	11,6 g	1,1 g	3,8 g

NOEDELS MET SPICY GARNALEN

PAKSOI, GEMBER, KNOFLOOK, CHILI-JAM & SESAMZAAD

VOOR 1 PERSOON | BEREIDINGSTIJD 10 MINUTEN

1 stronkje paksoi

1 teen knoflook

2 cm gemberwortel

75 g fijne eiernoedels

80 g rauwe grote garnalen, gepeld

1 volle tl sesamzaad

1 volle tl chili-jam

2 tl zoutarme sojasaus

Snijd de witte stronk van de paksoi in dunne boogjes en houd de groene bladeren apart. Schroei de boogjes in een droge koekenpan met antiaanbaklaag op matig-hoog vuur, terwijl je de knoflook pelt en in dunne plakjes snijdt, en de gember schilt en fijnraspt. Kook de noedels volgens de aanwijzingen op de verpakking in een pan kokend water en blancheer de bladeren van de paksoi de laatste 10 seconden mee. Doe ondertussen de knoflook, gember, garnalen, het sesamzaad en de chili-jam met 1 eetlepel olijfolie in de pan bij de geschroeide boogjes paksoi en roerbak ze.

Giet de sojasaus in een serveerkom. Kieper zodra de garnalen roze zijn de inhoud van de pan in de kom, schep met een keukentang de noedels en paksoibladeren met aanhangend water erbij en voeg een paar scheutjes extra kookwater toe. Schep alles goed door elkaar, proef, voeg naar smaak peper en zout toe en ga meteen aan tafel.

ENERGIE	VET	VERZ. VET	EIWIT	KOOLHYD.	SUIKER	ZOUT	VEZELS
600 kcal	24,1 g	4,3 g	28 g	67,4 g	9,4 g	1,7 g	2,5 g

EASY GARNALENCURRY

KNOFLOOK, GEMBER, VERSE PEPER & EEN SIMPELE, LUCHTIGE RIJSTKOEK

VOOR 4 PERSONEN | BEREIDINGSTIJD 20 MINUTEN

1 mok basmatirijst (300 g)

4 tenen knoflook

1 verse rode peper

4 cm gemberwortel

1 bos lente-uitjes

2 el mangochutney

320 g rauwe grote garnalen, gepeld

150 g biologische yoghurt

Doe 1 mok rijst en 2 mokken kokend water uit de waterkoker (600 ml) en een snufje zeezout in een middelgrote pan met antiaanbaklaag. Kook de rijst 10 minuten, zet het vuur laag en laat nog 5 minuten koken. De rijst is nu perfect om als een koek uit de pan te storten.

Pel ondertussen de knoflook en snijd hem samen met de rode peper in dunne plakjes en ringetjes. Schil de gember en snijd hem in luciferdunne reepjes. Maak de lente-uitjes schoon en snijd ze in stukjes van 2 cm. Roerbak alles 3 minuten in 1 eetlepel olijfolie in een grote koekenpan met antiaanbaklaag op hoog vuur en roer de mangochutney erdoor. Giet de helft van het mengsel voorzichtig in een blender, zet de pan terug op het vuur en roerbak daarin de garnalen. Giet ½ mok water (150 ml) in de blender, pureer tot een gladde saus en giet die bij de garnalen in de pan. Laat de saus 3 minuten pruttelen en inkoken, haal de pan van het vuur en marmer de yoghurt erdoor. Serveer de curry op de luchtige rijstkoek.

ENERGIE	VET	VERZ. VET	EIWIT	KOOLHYD.	SUIKER	ZOUT	VEZELS
385 kcal	2,7 g	1,3 g	22,1 g	72,2 g	8,1 g	1,4 g	0,9 g

ROMIGE LINGUINE MET GARNALEN

GEROOKTE PANCETTA, KNOFLOOK, RUCOLA & EEN SCHEUTJE RODE WIJN

VOOR 2 PERSONEN | BEREIDINGSTIJD 15 MINUTEN

150 g linguine

2 tenen knoflook

160 g rauwe grote garnalen, gepeld

4 plakken gerookte pancetta

50 ml Italiaanse rode wijn

1 volle el mascarpone

50 g rucola

10 g parmezaan

Kook de pasta volgens de aanwijzingen op de verpakking in een pan gezouten kokend water. Pel ondertussen de knoflook en snijd hem in dunne plakjes. Haal je mes langs de rug van 2 van de garnalen, zodat ze tijdens het koken als een vlinder openklappen, en hak de rest fijn.

Zet een grote koekenpan met antiaanbaklaag op matig vuur. Snijd de pancetta in dunne reepjes, doe ze met 1 eetlepel olijfolie in de pan en bak ze licht goudbruin. Schep de knoflook en hele garnalen er 2 minuten door, giet de wijn erbij en laat die verdampen. Schep de gehakte garnalen en mascarpone er 1 minuut door en schep de pasta er met aanhangend water met een keukentang bij. Hak de rucola grof, doe het grootste deel in de pan en schep alles op het vuur door elkaar tot je een fluweelzachte saus hebt. Breng de liguine subtiel op smaak met de geraspte parmezaan en zwarte peper. Serveer met de rest van de rucola en als je wilt nog wat extra parmezaan.

ENERGIE	VET	VERZ. VET	EIWIT	KOOLHYD.	SUIKER	ZOUT	VEZELS
514 kcal	19,1 g	7,5 g	28,3 g	56,3 g	3,2 g	0,9 g	2,6 g

POKÉBOWL MET GARNALEN

ROMIGE MUNTDRESSING, GRANEN, MANGO & AVOCADO

VOOR 2 PERSONEN | BEREIDINGSTIJD 20 MINUTEN

½ bos munt (15 g)

6 el hüttenkäse

150 g gekookte grote garnalen, gepeld

1 pakje van 250 g gekookte gemengde granen

½ kleine rijpe avocado

1 wortel

1 kleine rijpe mango

100 g radijsjes

Het opbouwen van dit gerecht is even een klusje, maar dat is juist het leuke. Pluk om te beginnen de bovenste helft van een bos munt, doe de blaadjes in een blender (houd een paar mooie blaadjes apart) en voeg 4 eetlepels hüttenkäse, ½ eetlepel extra vierge olijfolie en een scheutje water toe. Pureer tot een gladde saus, voeg naar smaak peper en zout toe en maak de garnalen ermee aan.

Warm de granen op volgens de aanwijzingen op de verpakking, maak ze aan met een beetje rodewijnazijn en ½ eetlepel olie en verdeel ze over de kommen. Schep het vruchtvlees uit de avocado, snijd het in dunne plakjes en schik ze in waaiervorm op de porties. Snijd de wortel met een dunschiller in linten. Verwijder de pit van de mango, snijd het vruchtvlees in blokjes, snijd de radijsjes in dunne plakjes en verdeel alles over de kommen. Leg de aangemaakte garnalen op de groenten, verdeel de rest van de hüttenkäse en de apart gehouden muntblaadjes erover en besprenkel ze met een scheutje extra vierge olijfolie. Meng en eet de bowls zoals je wilt.

ENERGIE	VET	VERZ. VET	EIWIT	KOOLHYD.	SUIKER	ZOUT	VEZELS
484 kcal	18,7 g	5,1 g	26,9 g	51,1 g	13,2 g	1,3 g	5,8 g

1 **CULLEN SKINK-VISKOEKJES**
GEROOKTE SCHELVIS, ROMIGE BIESLOOK-UIENSAUS & CITROEN

2 **VIS UIT DE OVEN MET GOUDBRUINE PARMEZAANKORST**
ZOETE PREI, CRISPY SALIE, KNOFLOOK, MOSTERD & LIMABONEN

3 **IN SPAGHETTI GEWIKKELDE VIS**
ZONGEDROOGDE-TOMATENPESTO, SPINAZIE, CRÈME FRAÎCHE & BACON BITS

4 **MIJN PIKANTE ETHIOPISCHE VISCURRY**
BERBERE-SPECERIJEN, ZOETE UIEN & TOMAAT, SNEL PLATBROOD & SPINAZIE

5 **SLIMME FISH & CHIPS**
BACONCRUMBLE, GEPRAKTE ERWTEN & VLUGGE MUNTSAUS

6 **SICILIAANSE PASTA MET VIS**
KNOFLOOK, KAPPERTJES, OLIJVEN, COURGETTE & CITROEN

7 **SUPERSNELLE TAJINE MET WITVIS**
ZOETE KERSTOMAATJES, HARISSA, ASPERGES & LUCHTIGE COUSCOUS

WITVISFILET

CULLEN SKINK-VISKOEKJES

GEROOKTE SCHELVIS, ROMIGE BIESLOOK-UIENSAUS & CITROEN

VOOR 4 PERSONEN | BEREIDINGSTIJD 45 MINUTEN

1 kg aardappels

1 ui

1 volle el bloem

600 ml halfvolle melk

280 g gerookte-schelvisfilet

2 bosjes bieslook (40 g)

1 groot ei

1 citroen

Schil de aardappels, snijd ze in gelijkmatige stukjes en kook ze 15 minuten in een grote pan gezouten kokend water, of tot ze zacht zijn. Pel ondertussen de ui, hak hem in kleine blokjes en bak hem 10 minuten in 1 eetlepel olijfolie in een middelgrote pan op matig-laag vuur, of tot hij zacht is; roer regelmatig. Voeg al roerend eerst de bloem en vervolgens geleidelijk de melk toe; blijf roeren tot de saus gebonden is. Pocheer de gerookte schelvis 5 minuten in de saus en zorg er daarbij voor dat de vis volledig ondergedompeld is. Schep de vis op een bord en trek de huid eraf. Hak de bieslook fijn, doe een kwart in een blender, giet de saus erbij en pureer hem (zo nodig in porties) volledig glad. Zet de pan terug op het vuur en laat de saus tot de gewenste dikte inkoken.

Giet de aardappels af, stamp ze fijn en klop er het ei, het grootste deel van de overgebleven bieslook en een klein snufje zeezout en zwarte peper door. Trek de vis in vlokken, meng ze erdoor, verdeel het mengsel in acht porties en vorm er schijfjes van. Bak de viskoekjes 5 minuten aan elke kant in 1 eetlepel olie in een koekenpan met antiaanbaklaag (30 cm doorsnede), of tot ze mooi goudbruin en gaar zijn. Breng de saus op smaak, verdeel hem over de borden en leg de viskoekjes erop. Strooi de overgebleven bieslook erover, besprenkel elke portie met ½ eetlepel extra vierge olijfolie en geef er partjes citroen bij om erover uit te knijpen.

ENERGIE	VET	VERZ. VET	EIWIT	KOOLHYD.	SUIKER	ZOUT	VEZELS
443 kcal	11,7 g	3,1 g	26,6 g	61,9 g	11,5 g	1,2 g	4,4 g

GOUDBRUINE VISSCHOTEL MET PARMEZAAN

ZOETE PREI, CRISPY SALIE, KNOFLOOK, MOSTERD & LIMABONEN

VOOR 4 PERSONEN | BEREIDINGSTIJD 35 MINUTEN

2 preien

½ bos salie (10 g)

4 tenen knoflook

1 tl grove mosterd

1 pot van 700 g limabonen

150 g crème fraîche light

4 x 150 g witvisfilet, zonder huid en graten

25 g parmezaan

Verwarm de oven voor op 200 °C. Maak de preien schoon, halveer ze in de lengte, was ze en snijd ze in 1 cm brede stukjes. Zet een ondiepe braadpan (30 cm doorsnede) met 2 eetlepels olijfolie op matig-laag vuur. Pluk de salieblaadjes, doe ze in de pan, bak ze krokant, schep ze op een bord en laat de salieolie in de pan. Roer de prei erdoor. Pel de knoflook, snijd hem in plakjes en doe hem met een scheutje water in de pan. Bak 10 minuten onder regelmatig roeren, of tot de prei en knoflook zacht zijn. Roer de mosterd erdoor, gevolgd door de limabonen (met vocht en al), crème fraîche en krokante salie. Meng alles goed en voeg naar smaak peper en zout toe. Druk de visfilets in de bonen, laat de pan op het vuur staan tot de boel pruttelt, rasp de parmezaan erboven en zet de pan 10 minuten in de oven, of tot er een knapperig goudbruin korstje op zit en de vis net gaar is.

ENERGIE	VET	VERZ. VET	EIWIT	KOOLHYD.	SUIKER	ZOUT	VEZELS
354 kcal	15,9 g	6,4 g	30 g	22,8 g	3,8 g	0,4 g	6 g

IN SPAGHETTI GEWIKKELDE VIS

ZONGEDROOGDE-TOMATENPESTO, SPINAZIE, CRÈME FRAÎCHE & BACON BITS

VOOR 2 PERSONEN | BEREIDINGSTIJD 25 MINUTEN

60 g spaghetti

2 x 125 g witvisfilet, met huid, zonder schubben en graten

1 el zongedroogde-tomatenpesto

2 kleine takjes rozemarijn

2 plakken gerookt ontbijtspek

4 lente-uitjes

200 g babyspinazie

2 tl crème fraîche light

Zet de grill op de hoogste stand. Kook de spaghetti volgens de aanwijzingen op de verpakking in een pan gezouten kokend water, giet de pasta af en spoel hem onder de koude kraan om af te koelen. Kruid de filets met zeezout en zwarte peper en wrijf ze in met de pesto. Verdeel de spaghetti in twee porties en wikkel en knoop de sliertjes om de vis. Leg de pakketjes op een met olie ingevette bakplaat, haal de takjes rozemarijn door de olie op de plaat en steek ze tussen de spaghetti en de vis. Gril de filets 10 minuten, of tot alles mooi goudbruin en gaar is.

Snijd ondertussen het spek in dunne reepjes en bak ze krokant in een grote koekenpan met antiaanbaklaag op matig vuur. Maak de lente-uitjes schoon en snijd ze in stukjes van 1 cm. Schep het spek op een bordje, doe 1 eetlepel olijfolie in de pan en ga verder met de stukjes lente-ui. Bak ze 2 minuten, doe de spinazie erbij en roer tot de blaadjes geslonken zijn. Maak de borden op met de groenten en vis, schep de crème fraîche op de groenten en bestrooi met de crispy bacon bits. Sprenkel 1 theelepel extra vierge olijfolie over elke portie en maak ze af met een snufje zwarte peper.

ENERGIE	VET	VERZ. VET	EIWIT	KOOLHYD.	SUIKER	ZOUT	VEZELS
342 kcal	14,3 g	3,3 g	31,2 g	23,6 g	1,8 g	1,8 g	2,2 g

MIJN PIKANTE ETHIOPISCHE VISCURRY

BERBERE-SPECERIJEN, ZOETE UIEN & TOMAAT, SNEL PLATBROOD & SPINAZIE

VOOR 2 PERSONEN | BEREIDINGSTIJD 20 MINUTEN

1 citroen

150 g zelfrijzend bakmeel

2 tenen knoflook

2 el uienmarmelade

2 tl berbere-specerijen

1 blik van 400 g gepelde tomaten

2 x 150 g witvisfilet,
zonder huid en graten

50 g babyspinazie

Trek met een dunschiller reepjes van de citroenschil en zet opzij. Strooi het meel met een snufje zout op een hoop in een kom en giet er 300 ml koud water bij. Voeg de helft van het citroensap toe en klop er een glad beslag van. Zet een middelgrote koekenpan met antiaanbaklaag met 1 eetlepel olijfolie op matig-hoog vuur. Pel de knoflook, snijd hem in plakjes en strooi hem met de citroenschil in de pan. Roer 2 minuten, of tot de knoflook licht goudbruin is, doe de marmelade en het berbere-specerijenmengsel erbij en laat 1 minuut pruttelen tot het mengsel sticky is. Giet de tomaten erbij en druk ze stuk. Doe de visfilets in de pan, dompel ze onder en laat ze 10 minuten op laag vuur pruttelen. Trek de vis in vlokken en roer ze door de saus.

Zet ondertussen een koekenpan met antiaanbaklaag (20 cm doorsnede) op matig-hoog vuur. Schep een soeplepel beslag in de pan, laat het over de hele bodem uitlopen en giet overtollig beslag terug in de kom. Bak het platbrood 2 minuten aan een kant, of tot het net gestold en bubbelig is en van de rand loskomt; schuif het dan op een bord. Laat de pan een beetje afkoelen en herhaal dit met de rest van het beslag. Leg de platbroden op een stapel en dek ze af met een theedoek om warm te houden. Schep de spinazie om met een kneepje citroensap en 1 theelepel extra vierge olijfolie. Maak de curry af met citroensap en 1 theelepel olie, voeg peper en zout toe en serveer met de spinazie en platbroden.

ENERGIE	VET	VERZ. VET	EIWIT	KOOLHYD.	SUIKER	ZOUT	VEZELS
509 kcal	9,3 g	1,3 g	37,6 g	73,4 g	16,3 g	1,6 g	4,7 g

SLIMME FISH & CHIPS

BACONKRUIMELS, GEPRAKTE ERWTEN & VLUGGE MUNTSAUS

VOOR 4 PERSONEN | BEREIDINGSTIJD 45 MINUTEN

800 g aardappels

1 plak gerookt ontbijtspek

100 g oudbakken brood

50 g bloem

1 groot ei

4 x 125 g witvisfilet, met huid, zonder schubben en graten

500 g diepvriesdoperwten

1 bos munt (30 g)

Verwarm de oven voor op 220 °C. Boen de aardappels, snijd ze in de lengte in partjes van 2 cm, schep ze om met 1 eetlepel olijfolie en een snufje zeezout en zwarte peper, en spreid ze uit op je grootste bakplaat. Bak ze 40 minuten, of tot ze goudbruin en gaar zijn, en schep ze halverwege om. Snijd ondertussen het spek in grove stukjes en doe ze in een keukenmachine. Scheur het brood in stukjes, voeg ze samen met 1 eetlepel olie toe, hak er fijne kruimels van en verdeel ze over een bord. Strooi de bloem op een tweede bord en kluts het ei in een derde, dieper bord. Haal de visfilets eerst door de bloem, dan door het ei, laat ze uitlekken en druk ze in de baconkruimels. Leg ze op een bakplaat en bak ze 15 minuten in de oven, of tot ze goudbruin zijn.

Kook de erwten in een pan gezouten kokend water, giet ze af en prak ze fijn. Pluk de muntblaadjes, doe ze in een vijzel, wrijf er een pasta van en roer er 1 eetlepel (van elk) rodewijnazijn en extra vierge olijfolie door, en peper en zout naar smaak. Serveer de vis en patatjes met de erwten en kloddertjes muntsaus.

ENERGIE	VET	VERZ. VET	EIWIT	KOOLHYD.	SUIKER	ZOUT	VEZELS
555 kcal	14,7 g	2,4 g	39,1 g	69,5 g	9,1 g	1,1 g	10,2 g

SICILIAANSE PASTA MET VIS

KNOFLOOK, KAPPERTJES, OLIJVEN, COURGETTE & CITROEN

VOOR 2 PERSONEN | BEREIDINGSTIJD 15 MINUTEN

250 g verse lasagnevellen

1 courgette

2 tenen knoflook

½ bos bladpeterselie (15 g)

6 groene olijven

2 x 150 g witvisfilet, zonder huid en graten

1 volle tl kappertjes

2 citroenen

Bereid eerst alles voor. Leg de lasagnevellen op een stapel en snijd ze met een groot, scherp mes zorgvuldig in dunne reepjes. Snijd de courgettes in luciferdunne reepjes of rasp ze grof. Pel de knoflook, snijd hem in dunne plakjes en hak de peterselie met steeltjes en al fijn. Ontpit de olijven en trek ze in stukjes. Snijd de vis in stukjes van 1 cm.

Zet een grote koekenpan met antiaanbaklaag met 1 eetlepel olijfolie op hoog vuur, doe de knoflook, peterselie, olijven en kappertjes erin en bak onder regelmatig roeren tot de knoflook licht goudbruin is. Voeg al omscheppend de vis en courgette toe en bak ze 3 minuten mee. Kook ondertussen de pasta 3 minuten in gezouten kokend water en schep de pastareepjes met aanhangend water met een keukentang in de koekenpan. Schep de boel 30 seconden om op hoog vuur, voeg het sap van de citroenen en wat zwarte peper toe, sprenkel er 1 eetlepel extra vierge olijfolie over en ga meteen aan tafel.

ENERGIE	VET	VERZ. VET	EIWIT	KOOLHYD.	SUIKER	ZOUT	VEZELS
416 kcal	16,3 g	4,3 g	23,6 g	44,4 g	4,2 g	0,5 g	1 g

SUPERSNELLE TAJINE MET WITVIS

ZOETE KERSTOMAATJES, HARISSA, ASPERGES & LUCHTIGE COUSCOUS

VOOR 2 PERSONEN | BEREIDINGSTIJD 15 MINUTEN

150 g couscous

4 tenen knoflook

250 g rijpe, verschillend gekleurde kerstomaatjes

250 g groene asperges

2 volle tl rozenharissa

2 x 150 g witvisfilet, zonder huid en graten

1 citroen

2 el biologische yoghurt

Doe de couscous in een kom, voeg een snufje zeezout en zwarte peper toe, giet er een laagje kokend water uit de waterkoker op en dek de kom af. Pel de knoflook, snijd hem in plakjes, bak ze in 1 eetlepel olijfolie in een ondiepe braadpan op matig-hoog vuur en doe al roerend de helft van de kerstomaatjes erbij. Breek het houtachtige uiteinde van de asperges, snijd de stengels in grove stukjes, doe ze in de pan en roer er een snuf peper en zout door. Wrijf de visfilets in met het grootste deel van de harissa, leg ze op de groente, strooi de geraspte citroenschil erover en doe het sap van ½ citroen erbij. Voeg 150 ml water toe en laat afgedekt 5 minuten pruttelen, of tot de vis gaar is.

Roer de couscous los. Marmer de overgebleven harissa door de yoghurt, schep hem over de vis en couscous en geef er partjes citroen bij om erover uit te knijpen.

ENERGIE	VET	VERZ. VET	EIWIT	KOOLHYD.	SUIKER	ZOUT	VEZELS
560 kcal	13,4 g	2,2 g	43,5 g	70,2 g	10,9 g	1,5 g	4,9 g

1 **GEBRADEN KIP MET SESAM**

KNAPPERIGE SALADE MET KIMCHI, ZACHTE TOFU & LUCHTIGE RIJST

2 **GEROOSTERDE BOERDERIJKIP**

KNOFLOOKPADDENSTOELEN & SPEK, SPINAZIE & LINZEN MET CRÈME FRAÎCHE

3 **GEROOSTERDE KIP MARGHERITA**

RUCOLA & GEVULDE REUZENGNOCCHI, TOMAAT & KNOFLOOK UIT DE OVEN

4 **MIJN EASY KIP PIRIPIRI**

KNOFLOOK, GEROOKTE-PAPRIKAPOEDER, HARISSA, MUNT & AARDAPPELPARTJES

5 **GEROOSTERDE KIP MET CUMBERLAND-WORST**

AARDAPPEL, PASTINAAK, PREI & SALIE UIT DE OVEN & WATERKERS MET PEER

6 **GEROOSTERDE KIP MET HOISIN**

GESTOOMDE PANNENKOEKJES, GARNERINGEN & DIPSAUS

7 **GEROOSTERDE KIP MET HARISSA**

STUKJES ZOETE AARDAPPEL & WAANZINNIG KIKKERERWTENPLATBROOD

HELE KIP

GEBRADEN KIP MET SESAM

KNAPPERIGE SALADE MET KIMCHI, ZACHTE TOFU & LUCHTIGE RIJST

VOOR 6 PERSONEN | BEREIDINGSTIJD 1 UUR EN 30 MINUTEN

300 g kimchi

4 cm gemberwortel

1 hele kip van 1,5 kg

2 el vloeibare honing

300 g zachte tofu

60 g sesamzaad

1 mok basmatirijst (300 g)

2 zakken van 320 g gemengde roerbakgroenten

Verwarm de oven voor op 180 °C. Maal in een blender de kimchi en geschilde gember met 1 eetlepel (van elk) rodewijnazijn en olijfolie, en 100 ml water tot een volledig glad mengsel. Leg de kip in een braadslede en wrijf hem tot in alle hoekjes en gaatjes in met een derde deel van de kimchidressing. Giet er 150 ml water bij en braad hem 1 uur en 20 minuten in de oven, of tot hij goudbruin en gaar is. Giet er halverwege nog 150 ml water bij, bedruip hem met het braadvocht en schraap het aanbaksel los. Meng een derde deel van de dressing in een kommetje met de honing en zet opzij. Laat de tofu uitlekken en maal hem met de rest van de dressing fijn in een blender. Rooster het sesamzaad in een koekenpan licht goudbruin en zet opzij.

Doe met 10 minuten te gaan 1 mok rijst, 2 mokken kokend water uit de waterkoker (600 ml) en een snufje zeezout in een middelgrote pan. Leg een deksel op de pan en kook de rijst 12 minuten op matig vuur, of tot al het water geabsorbeerd is. Haal de kip uit de oven, til hem met een keukentang op en schuif er een rooster onder. Kwast de kip rondom in met de honingdressing en strooi het sesamzaad erover. Schep de rijst op een serveerschaal en leg de kip erop. Blus de braadslede af met 1 eetlepel azijn, doe de gemengde groenten en de helft van de tofudressing erbij en roer goed. Serveer de rest van de dressing in een kommetje en besprenkel de groente met 1 theelepel extra vierge olijfolie.

ENERGIE	VET	VERZ. VET	EIWIT	KOOLHYD.	SUIKER	ZOUT	VEZELS
641 kcal	28,2 g	6,3 g	44,5 g	54,6 g	9,1 g	1,3 g	4,4 g

GEROOSTERDE BOERDERIJKIP

KNOFLOOKPADDENSTOELEN & SPEK, SPINAZIE & LINZEN MET CRÈME FRAÎCHE

VOOR 6 PERSONEN | BEREIDINGSTIJD 1 UUR EN 30 MINUTEN

1 hele kip van 1,5 kg

1 bol knoflook

3 plakken gerookt ontbijtspek

650 g gemengde paddenstoelen

250 g babyspinazie

2 blikken van 400 g groene linzen

100 g crème fraîche light

½ bos dragon (10 g)

Verwarm de oven voor op 180 °C. Leg de kip en de bol knoflook in een grote, zware braadslede, strooi er een snuf zeezout en zwarte peper over, besprenkel met 1 eetlepel (van elk) rodewijnazijn en olijfolie, en wrijf de kip in met de smaakmakers. Braad hem 1 uur.

Haal de kip uit de oven, til hem met een keukentang op een bord en leg de plakjes spek op de borst. Stamp de zacht geworden tenen knoflook met een pureestamper uit hun jasje in de slede en schep de paddenstoelen door het braadvocht; scheur de grotere exemplaren in stukjes. Zet de slede terug in de oven. Leg de kip op een rooster direct boven de slede en rooster hem nog 20 minuten, of tot alles goudbruin en gaar is.

Schep de paddenstoelen met een schuimspaan op een serveerschaal en leg de kip erop. Zet de slede met het braadvocht op hoog vuur op het fornuis en doe de spinazie en de uitgelekte linzen erin. Roer tot de spinazie geslonken is, zet het vuur uit, roer de crème fraîche erdoor en voeg naar smaak peper en zout toe. Strooi de geplukte dragonblaadjes over de kip en zet de schaal op tafel.

ENERGIE	VET	VERZ. VET	EIWIT	KOOLHYD.	SUIKER	ZOUT	VEZELS
419 kcal	22 g	7 g	42,3 g	13,1 g	1,5 g	0,8 g	6,2 g

GEROOSTERDE KIP MARGHERITA

RUCOLA & GEVULDE REUZENGNOCCHI, TOMAAT & KNOFLOOK UIT DE OVEN

VOOR 6 PERSONEN | BEREIDINGSTIJD 1 UUR EN 40 MINUTEN

1,5 kg bloemige aardappels

1,5 kg rijpe tomaten

2 bollen knoflook

1 bos basilicum (30 g)

1 hele kip van 1,5 kg

50 g bloem

200 g gerookte mozzarella

60 g rucola

Verwarm de oven voor op 180 °C. Boen de aardappels, snijd ze in gelijke stukken en kook ze 15 minuten in een grote pan gezouten kokend water, of tot ze zacht zijn. Halveer de tomaten en leg ze in een grote braadslede. Voeg de ongepelde tenen knoflook toe. Pluk een paar mooie basilicumblaadjes voor later, prop de rest van de bos in de buikholte van de kip en leg hem in de slede. Kruid met zeezout en zwarte peper, sprenkel er 2 eetlepels (van elk) rodewijnazijn en olijfolie over, schep alles goed door elkaar en wrijf de kip in met de smaakmakers. Leg de kip op het rooster van de oven en zet de slede met tomaat eronder. Rooster de kip 1 uur en 20 minuten, of tot hij goudbruin en gaar is.

Giet ondertussen de aardappels af, laat ze uitdampen, stamp ze fijn, voeg peper en zout toe en meng de bloem erdoor. Vorm er als het mengsel is afgekoeld twaalf gelijke balletjes van. Snijd de gerookte mozzarella in twaalf stukjes, druk ze in de balletjes en pak de kaas netjes in. Leg de balletjes op een met olie ingevette bakplaat van 25 x 35 cm en bak ze het laatste uur onder in de oven mee, of tot ze goudbruin zijn. Leg de kip op de tomaat in de slede, druk een paar teentjes knoflook uit hun jasje en prak ze door het braadvocht. Strooi de apart gehouden basilicumblaadjes erover, serveer de kip met de reuzengnocchi en rucola en besprenkel alles met het heerlijke braadvocht met knoflook. Zalig!

ENERGIE	VET	VERZ. VET	EIWIT	KOOLHYD.	SUIKER	ZOUT	VEZELS
714 kcal	27,5 g	9,1 g	46,5 g	66,1 g	10,3 g	1,1 g	8,6 g

MIJN EASY KIP PIRIPIRI

KNOFLOOK, GEROOKTE-PAPRIKAPOEDER, HARISSA, MUNT & AARDAPPELPARTJES

VOOR 6 PERSONEN | BEREIDINGSTIJD 1 UUR EN 30 MINUTEN

2 uien

10 verschillend gekleurde verse pepers

1 bol knoflook

2 el rozenharissa

1 volle tl gerookte-paprikapoeder

1 hele kip van 1,5 kg

1,2 kg aardappels

4 takjes munt

Verwarm de oven voor op 180 °C. Pel de uien, snijd ze in kwarten en leg ze in een grote braadslede. Prik gaatjes in de hele pepers en leg ze erbij. Snijd de ongepelde bol knoflook overdwars doormidden, leg de beide helften erbij en voeg de harissa, het paprikapoeder, een snufje zeezout en zwarte peper, 2 eetlepels rodewijnazijn en 1 eetlepel olijfolie toe. Snijd de rug van de kip met een groot scherp mes open, zodat je hem als een boek kunt openklappen. Leg hem in de slede en wrijf de smaakmakers er goed in. Leg de kip met de borst naar boven op een rooster boven in de oven, en zet de slede met de ui er direct onder. Rooster de kip 1 uur, of tot hij goudbruin en gaar is. Boen ondertussen de aardappels en snijd ze in de lengte in grove parten. Schep ze om met 1 eetlepel olie en een snufje peper en zout, verdeel ze in een enkele laag over de grootste bakplaat die je hebt en zet ze onder de slede met ui in de oven.

Haal na 30 minuten de slede met ui uit de oven en bedruip de kip met het braadvocht uit de slede. Schep de parten aardappel om en zet ze de laatste 30 minuten vlak onder kip. Halveer de pepers, verwijder de zaadjes, knijp de helft van de zacht geworden tenen knoflook uit hun jasje en maal ze met de ui, het heerlijke vocht uit de slede, de helft van de muntblaadjes, 1 eetlepel rodewijnazijn en zo nodig een flinke scheut water in een blender tot een gladde saus. Breng op smaak met peper en zout. Serveer de kip met de parten aardappel en piripirisaus, en strooi de rest van de muntblaadjes en geroosterde tenen knoflook erover.

ENERGIE	VET	VERZ. VET	EIWIT	KOOLHYD.	SUIKER	ZOUT	VEZELS
501 kcal	20,9 g	4,9 g	38,4 g	42,2 g	6,4 g	0,8 g	4,3 g

GEROOSTERDE KIP MET CUMBERLAND-WORST

AARDAPPEL, PASTINAAK, PREI & SALIE UIT DE OVEN & WATERKERS MET PEER

VOOR 6 PERSONEN | BEREIDINGSTIJD 1 UUR EN 45 MINUTEN

1,2 kg aardappels

2 pastinaken

2 preien

½ bos salie (10 g)

3 Cumberland- of braadworstjes

1 hele kip van 1,5 kg

1 peer

85 g waterkers

Verwarm de oven voor op 180 °C. Boen de aardappels, maak de pastinaken en preien schoon en snijd ze allemaal in dunne plakjes. Meng alles met 2 eetlepels olijfolie, een snufje zeezout en zwarte peper en de salieblaadjes (bewaar de steeltjes en een paar blaadjes voor later) in een braadslede van 30 x 40 cm. Knijp het worstvlees uit de velletjes en druk het bij elkaar. Trek het vel van de kip bij de punt van de borst omhoog, schuif er voorzichtig een spatel onder om het los te maken en prop het worstvlees er aan beide kanten van de borst onder. Zet het vel vast met een cocktailprikker. Wrijf de kip rondom in met een snufje peper en zout en 1 eetlepel olie, en steek de saliesteeltjes in de buikholte. Leg de kip op het rooster in de oven, met de braadslede met groenten er direct onder, en rooster hem 1 uur en 20 minuten, of tot alles goudbruin en gaar is.

Strooi met nog 10 minuten te gaan de apart gehouden salieblaadjes over de groenten, zodat ze lekker krokant worden. Snijd de peer in flinterdunne plakjes (of rasp hem grof) en schep ze met de waterkers door elkaar. Leg de kip op de groenten en zet de slede op tafel.

ENERGIE	VET	VERZ. VET	EIWIT	KOOLHYD.	SUIKER	ZOUT	VEZELS
608 kcal	28,6 g	7,4 g	43,7 g	46,6 g	8,2 g	1,4 g	6,9 g

GEROOSTERDE KIP MET HOISIN

GESTOOMDE PANNENKOEKJES, GARNERINGEN & DIPSAUS

VOOR 6 PERSONEN | BEREIDINGSTIJD 1 UUR EN 30 MINUTEN

1 hele kip van 1,5 kg

8 el hoisinsaus

1 clementine of mandarijn

4 verschillend gekleurde verse pepers

1 bos lente-uitjes

1 komkommer

1 bakje tuinkers

30 Chinese pannenkoekjes

Verwarm de oven voor op 180 °C. Leg de kip in een precies passende braadslede. Trek het vel bij de punt van de borst los, schuif er voorzichtig een spatel onder om het los te maken, schep aan elke kant van de borst 2 eetlepels hoisinsaus en verdeel de saus goed. Zet het vel vast met een cocktailprikker. Wrijf de kip rondom in met een snufje zeezout en zwarte peper en 1 eetlepel olijfolie. Snijd de clementine en 1 van de pepers doormidden, snijd 5 cm van de groene top van de lente-uitjes, prop ze in de buikholte en rooster de kip 1 uur en 20 minuten, of tot hij goudbruin en gaar is.

Maak ondertussen de rest van de lente-uitjes schoon, snijd ze samen met de rest van de pepers in de lengte in flinterdunne sliertjes en leg ze in een kom ijswater om op te laten krullen. Snijd de komkommer in luciferdunne reepjes en knip de tuinkers. Stoom de pannenkoekjes volgens de aanwijzingen op de verpakking (of kijk, als je het aandurft om je eigen pannenkoekjes te maken, op jamieoliver.com/chinesepancakes). Leg de kip op een schaal, meng het braadvocht uit de slede met de rest van de hoisinsaus om te dippen, zet alles op tafel en laat iedereen zelf pakken.

ENERGIE	VET	VERZ. VET	EIWIT	KOOLHYD.	SUIKER	ZOUT	VEZELS
475 kcal	20,6 g	4,8 g	38,7 g	33 g	4,3 g	0,6 g	2,4 g

GEROOSTERDE KIP MET HARISSA

STUKJES ZOETE AARDAPPEL & WAANZINNIG KIKKERERWTENPLATBROOD

VOOR 6 PERSONEN | BEREIDINGSTIJD 1 UUR EN 40 MINUTEN

1 hele kip van 1,5 kg

6 zoete aardappels (1,5 kg totaal)

4 el rozenharissa

1 bos munt (30 g)

1 blik van 400 g kikkererwten

250 g volkoren zelfrijzend bakmeel, plus extra om te bestuiven

½ rodekool

300 g hüttenkäse

Verwarm de oven voor op 180 °C. Leg de kip in een grote braadslede. Boen de zoete aardappels, snijd ze doormidden en leg ze om de kip heen. Schep de harissa en 1 eetlepel (van elk) rodewijnazijn en olijfolie erover, bestrooi met een snufje zeezout en zwarte peper, meng en wrijf alles goed in de kip. Prop de helft van de munt in de buikholte en rooster de kip 1 uur en 20 minuten, of tot alles goudbruin en gaar is.

Giet ondertussen de kikkererwten met vocht en al in een kom. Pluk de muntblaadjes, bewaar een paar mooie blaadjes voor later en hak de rest fijn. Doe ze met het meel bij de kikkererwten, voeg peper en zout toe en meng er een deeg van. Doe er zo nodig nog een beetje extra meel bij. Kneed het deeg 2 minuten op een met meel bestoven werkvlak, verdeel het in zes gelijke porties en rol ze uit tot iets minder dan 1 cm dikte. Bak de broodjes met twee tegelijk 4 minuten aan elke kant in een grote, droge koekenpan met antiaanbaklaag op matig-hoog vuur en houd ze warm in de oven. Snijd de rodekool flinterdun (of rasp hem grof) en schep er een snufje zout en 2 eetlepels rodewijnazijn door. Serveer de kip en zoete aardappel met de rodekool en kikkererwtenbroodjes, en strooi de apart gehouden muntblaadjes erover. Schraap en roer het heerlijke aanbaksel door het braadvocht in de slede, marmer hiervan een flinke lepel door de hüttenkäse en geef de saus er in een kommetje bij.

ENERGIE	VET	VERZ. VET	EIWIT	KOOLHYD.	SUIKER	ZOUT	VEZELS
517 kcal	19,8 g	5,1 g	47,1 g	39,3 g	5,6 g	1,4 g	8,6 g

1 **SUPERSNELLE CHAMPIGNONRISOTTO**
GEMENGDE GRANEN, TIJM, KNOFLOOK, CRÈME FRAÎCHE & PARMEZAAN

2 **CACCIATORE MET PADDENSTOELEN & KIP**
ITALIAANSE RODE WIJN, TOMATENSAUS MET ZOETE PAPRIKA, ROZEMARIJN & OLIJVEN

3 **CANNELLONI MET KASTANJECHAMPIGNONS**
ZOETE PREI, UI & ROMIGE CHEDDARSAUS

4 **PORTOBELLO TOAD-IN-THE-HOLE**
CRISPY KNOFLOOK, PORTER & UIENSAUS MET ROZEMARIJN

5 **PADDENSTOELENSOEP UIT DE OVEN**
BROOD, ZOETE RODE UIEN, KNOFLOOK, TIJM & GRUYÈRE

6 **CACIO E PEPE MET CHAMPIGNONS**
KLASSIEKE PASTA MET PECORINO, DRUPJES TRUFFELOLIE & CITROEN

7 **GEROERBAKTE OESTERZWAMMEN & OSSENHAAS**
REUZENNOEDELS, GEURIGE GEMBER, KNOFLOOK, CHILIOLIE, SOJA & LENTE-UITJES

PADDENSTOELEN

SUPERSNELLE CHAMPIGNONRISOTTO

GEMENGDE GRANEN, TIJM, KNOFLOOK, CRÈME FRAÎCHE & PARMEZAAN

VOOR 2 PERSONEN | BEREIDINGSTIJD 20 MINUTEN

1 ui

250 g kastanjechampignons

½ bos tijm (10 g)

1 teen knoflook

1 pakje van 250 g gemengde gekookte granen

300 ml groente- of kippenbouillon

40 g parmezaan

1 volle el crème fraîche light

Pel de ui, hak hem fijn en bak hem in ½ eetlepel olijfolie in een middelgrote, diepe pan met antiaanbaklaag op matig vuur. Snijd de steel en het onderste randje van de paddenstoelen zodat je mooie, strakke hoedjes overhoudt (zoals op de foto). Hak de steeltjes en andere snijresten in grove stukjes en doe ze in de pan. Voeg de helft van de geriste tijmblaadjes toe en bak 10 minuten onder regelmatig roeren, of tot alles zacht is. Zet ondertussen een koekenpan met antiaanbaklaag met ½ eetlepel olie op matig vuur, leg de paddenstoelen er op de snijkant in en bak ze ongeveer 7 minuten zonder ze te verschuiven, of tot ze goudbruin zijn. Pel en snijd de knoflook in dunne plakjes en ris de rest van de tijmblaadjes.

Doe de granen bij de ui in de pan en voeg 5 minuten lang telkens wat bouillon toe, terwijl je ongeveer om de minuut blijft roeren, tot het mengsel een mooie, smeuïge consistentie heeft. Keer de goudbruine hele paddenstoelen om, strooi de plakjes knoflook en tijmblaadjes in de pan en bak ze 3 minuten mee terwijl je de pan af en toe schudt. Rasp de meeste parmezaan boven de granen, roer de crème fraîche erdoor en voeg naar smaak peper en zout toe. Verdeel de risotto over de borden, druk de goudbruine paddenstoelen erin, strooi de crispy knoflook en tijm erover en schaaf er met een dunschiller krullen parmezaan boven.

ENERGIE	VET	VERZ. VET	EIWIT	KOOLHYD.	SUIKER	ZOUT	VEZELS
423 kcal	18,8 g	7,1 g	17,1 g	44,9 g	7,3 g	1,8 g	7,8 g

CACCIATORE MET PADDENSTOELEN & KIP

ITALIAANSE RODE WIJN, TOMATENSAUS MET ZOETE PAPRIKA, ROZEMARIJN & OLIJVEN

VOOR 6 PERSONEN | BEREIDINGSTIJD 1 UUR EN 30 MINUTEN

6 kippendijfilets

6 grote portobello's

2 rode uien

1 pot van 465 g geroosterde rode paprika

12 zwarte olijven met pit

4 takjes verse rozemarijn

200 ml Italiaanse rode wijn

2 blikken van 400 g gepelde tomaten

Verwarm de oven voor op 180 °C. Bestrooi de kippendijen met zeezout en zwarte peper, zet ze met 1 eetlepel olie in een grote, ondiepe, ovenbestendige braadpan op matig-hoog vuur en braad ze 10 minuten onder regelmatig omkeren, of tot ze goudbruin zijn. Verwijder het buitenste velletje van de portobello's en trek de paddenstoelen in stukjes. Pel de uien, hak ze fijn, giet de paprika af, scheur ze in stukjes en ontpit de olijven.

Schep de kippendijen op een bord en laat de pan op het vuur staan. Roer de paddenstoelen, ui, paprika en olijven in het vet door elkaar, doe de geriste rozemarijnnaaldjes erbij en bak 10 minuten onder regelmatig roeren, of tot alles zacht is. Giet de wijn erbij, laat inkoken, voeg de tomaten en ½ blikje water toe, en druk de tomaten stuk met je lepel. Breng aan de kook, roer de kip en het sap van het bord erdoor en zet de pan 1 uur in de oven, of tot de kip supermals is.

ENERGIE	VET	VERZ. VET	EIWIT	KOOLHYD.	SUIKER	ZOUT	VEZELS
255 kcal	10,8 g	2,4 g	23,6 g	11 g	9 g	0,9 g	3,2 g

CANNELLONI MET KASTANJECHAMPIGNONS

ZOETE PREI, UI & ROMIGE CHEDDARSAUS

VOOR 6 PERSONEN | BEREIDINGSTIJD 1 UUR EN 40 MINUTEN

2 kleine uien

2 tenen knoflook

2 preien

750 g kastanjechampignons

75 g bloem

1 liter halfvolle melk

120 g cheddar of belegen Goudse kaas

250 g cannellonibuisjes

Verwarm de oven voor op 180 °C. Pel de uien en knoflook en pulseer ze fijn in een keukenmachine. Doe het prutje met 1 eetlepel olijfolie in een grote braadpan op matig-hoog vuur. Maak de preien schoon, pulseer ze en doe ze erbij. Bewaar twee champignons voor later, pulseer de rest en doe ze ook in de pan. Bak 15 minuten onder regelmatig roeren, voeg naar smaak peper en zout toe en zet het vuur uit. Zet voor de saus ondertussen 3 eetlepels olie in een andere pan op matig vuur. Klop eerst de bloem 2 minuten door de olie en giet dan al kloppend geleidelijk de melk erbij. Laat de saus 5 minuten pruttelen, of tot hij gebonden is, rasp de kaas erboven en voeg naar smaak peper en zout toe.

Giet een derde deel van de saus in een braadslede van 25 x 30 cm. Druk zodra hij voldoende afgekoeld is beide uiteinden van de pastabuisjes in de vulling, om ze te vullen, en leg ze naast elkaar in de slede. Giet de rest van de saus erover, snijd de apart gehouden champignons in plakjes en leg ze erop als decoratie. Sprenkel er 1 eetlepel olie over en zet de slede 45 minuten in de oven, of tot er een goudbruin korstje op zit en alles gaar is.

ENERGIE	VET	VERZ. VET	EIWIT	KOOLHYD.	SUIKER	ZOUT	VEZELS
489 kcal	22,4 g	8 g	20,6 g	53 g	13 g	0,7 g	3,6 g

PORTOBELLO TOAD-IN-THE-HOLE

CRISPY KNOFLOOK, PORTER & UIENSAUS MET ROZEMARIJN

VOOR 4 PERSONEN | BEREIDINGSTIJD 1 UUR EN 15 MINUTEN

4 grote eieren

175 g bloem

175 ml volle melk

4 grote portobello's

2 uien

4 takjes rozemarijn

250 ml porter, of ander donker bier

2 tenen knoflook

Verwarm de oven voor op 200 °C. Klop de eieren met 150 g bloem, een snufje zeezout, de melk en 2 eetlepels water tot een glad beslag. Zet opzij.

Verwijder de steeltjes en daarna het buitenste velletje van de paddenstoelen; zet de velletjes even apart. Leg de paddenstoelen op de hoed in een grote braadslede met antiaanbaklaag, sprenkel er 1 eetlepel olijfolie over, bestrooi ze met zout en zwarte peper en bak ze 30 minuten in de oven. Pel ondertussen de uien, snijd ze samen met de velletjes van de paddenstoelen fijn en bak ze in 2 eetlepels olie in een pan op matig-laag vuur. Voeg de helft van de geriste rozemarijnnaaldjes toe en bak 15 minuten onder regelmatig roeren, tot alles prachtig donker is. Voeg het bier en 2 eetlepels rodewijnazijn toe, laat het vocht voor de helft inkoken en roer de overgebleven bloem erdoor. Giet er al roerend geleidelijk 700 ml water bij, laat de saus tot de gewenste dikte inkoken en breng op smaak. Pel de knoflook, snijd hem in dunne plakjes, voeg de rest van de rozemarijnnaaldjes toe en maak ze aan met een beetje olie.

Haal de slede uit de oven en schep de paddenstoelen even op een bord. Giet nu vlug maar voorzichtig het beslag in de slede, schep de paddenstoelen een beetje in het midden en strooi de ingevette knoflook en rozemarijn erover. Zet de slede 25 minuten terug in de oven, of tot het beslag mooi opgeblazen en goudbruin is. Serveer de saus er in een kom bij.

ENERGIE	VET	VERZ. VET	EIWIT	KOOLHYD.	SUIKER	ZOUT	VEZELS
410 kcal	18,8 g	4,3 g	15,5 g	45,2 g	9,1 g	1,3 g	3,4 g

PADDENSTOELENSOEP UIT DE OVEN

BROOD, ZOETE RODE UIEN, KNOFLOOK, TIJM & GRUYÈRE

VOOR 4 PERSONEN | BEREIDINGSTIJD 50 MINUTEN

2 rode uien

4 tenen knoflook

½ bos tijm (10 g)

300 g paddenstoelen

300 g goed zuurdesembrood

1 liter verse groente- of kippenbouillon

70 g gruyère

Verwarm de oven voor op 180 °C. Pel de uien en knoflook, en snijd de uien in blokjes en de knoflook in dunne plakjes. Bak ze in 1 eetlepel olijfolie in een grote braadpan op matig-laag vuur. Voeg de geriste tijmblaadjes toe en bak 10 minuten onder regelmatig roeren, terwijl je de paddenstoelen in plakjes snijdt en het brood in stukjes van 4 cm scheurt. Roer de paddenstoelen door de ui, giet de bouillon erbij en breng aan de kook. Doe het brood erbij en rasp de meeste kaas erboven. Roer goed, rasp de overgebleven kaas erboven en zet de pan 25 minuten in de oven, of tot de soep donker-goudbruin en heel dik is. Voeg naar smaak peper en zout toe en sprenkel er wat extra vierge olijfolie over. Troost in een kommetje.

ENERGIE	VET	VERZ. VET	EIWIT	KOOLHYD.	SUIKER	ZOUT	VEZELS
332 kcal	10,7 g	4,4 g	16,1 g	42 g	6,9 g	1 g	2,9 g

CACIO E PEPE MET CHAMPIGNONS

KLASSIEKE PASTA MET PECORINO, DRUPJES TRUFFELOLIE & CITROEN

VOOR 1 PERSOON | BEREIDINGSTIJD 10 MINUTEN

75 g spaghetti

25 g pecorino of parmezaan

2 kastanjechampignons

½ tl truffelolie

½ citroen

Kook de pasta volgens de aanwijzingen op de verpakking in een pan gezouten kokend water. Rasp de kaas en 1 champignon fijn boven een kleine kom en voeg de truffelolie, een kneepje citroensap en een paar flinke snuffen zwarte peper toe. Doe er 2 eetlepels kookwater van de pasta bij en meng alles heel goed.

Laat de pasta uitlekken, doe hem terug in de pan en klop het champignonmengsel er met een spatel door. De pasta moet mooi glanzen maar mag niet te nat zijn – en hij moet heerlijk intens en pikant van smaak zijn door de zwarte peper. Kieper de pasta in een kom, rasp de overgebleven, rauwe, nootachtige champignon erboven en ga meteen aan tafel.

ENERGIE	VET	VERZ. VET	EIWIT	KOOLHYD.	SUIKER	ZOUT	VEZELS
400 kcal	12,8 g	5,5 g	18,5 g	56,2 g	3 g	0,7 g	2,4 g

GEROERBAKTE OESTERZWAM & OSSENHAAS

REUZENNOEDELS, GEURIGE GEMBER, KNOFLOOK, CHILIOLIE, SOJA & LENTE-UITJES

VOOR 2 PERSONEN | BEREIDINGSTIJD 20 MINUTEN

1 bos lente-uitjes

4 tenen knoflook

6 cm gemberwortel

125 g verse lasagnevellen

1 ossenhaas van 150 g

250 g oesterzwammen

1½ el chiliolie

1½ el zoutarme sojasaus

Maak de lente-uitjes schoon en snijd ze in stukjes van 3 cm. Pel de knoflook en snijd hem in dunne plakjes. Schil de gember en snijd hem in luciferdunne reepjes. Snijd de lasagnevellen in 2 cm brede noedels. Wrijf de ossenhaas in met 1 theelepel olijfolie, een klein snufje zeezout en een snufje zwarte peper. Zet een grote koekenpan met antiaanbaklaag op hoog vuur en bak de paddenstoelen 3 minuten aan een kant in de droge pan. Meng ondertussen de chiliolie, sojasaus, 1 eetlepel rodewijnazijn en een snufje zwarte peper in een grote kom. Kieper de paddenstoelen bij de dressing en zet de pan terug op het vuur.

Bak de ossenhaas naar wens in de hete pan, terwijl je hem om de minuut omkeert. Bak de lente-ui, knoflook en gember met het vlees mee en roer ze regelmatig. Kook ondertussen de noedels 3 minuten in een pan gezouten kokend water. Laat het vlees even op een bord rusten en schep de pasta met aanhangend water met een keukentang bij de groenten in de pan. Haal de pan van het vuur, giet de paddenstoelen en dressing erbij en schep alles door elkaar. Verdeel de pasta over de kommen, snijd het vlees in dunne plakjes, leg ze erop en sprenkel het vleessap erover.

ENERGIE	VET	VERZ. VET	EIWIT	KOOLHYD.	SUIKER	ZOUT	VEZELS
366 kcal	18,5 g	5,1 g	24,5 g	25,6 g	3,5 g	1,6 g	1,7 g

1 OSSENHAAS MET EEN PEPERKORSTJE

ROMIGE MOSTERD-WHISKYSAUS & SIMPELE BROCCOLI

2 STICKY SIRLOIN MET GEMBER

CHILI-JAM, RIJSTNOEDELS, LIMOEN, KOMKOMMER & PINDA'S

3 GESCHROEIDE STEAK & RODE CHIMICHURRI

GEPLETTE ZOETE AARDAPPEL, GEGRILDE LENTE-UITJES & CRISPY BITS

4 JAPANSE STEAK SANDWICH

WASABI, PIKANTE INGELEGDE-KOMKOMMERSALADE & GEROOSTERD SESAMZAAD

5 MINUTE STEAK MET PROSCIUTTO & SALIE

AARDAPPEL-WORTELRÖSTI, GEBAKKEN EI & SPINAZIESALADE MET FRANSE DRESSING

6 SAPPIGE, GESCHROEIDE STEAK

TOMATEN, ARTISJOK, MUNT, CITROEN & LUCHTIGE COUSCOUS

7 BEEF WELLINGTON VOOR TWEE

BLADERDEEG, SPINAZIEPANNENKOEKJES & PADDENSTOELENPATÉ

STEAK

OSSENHAAS MET EEN PEPERKORSTJE

ROMIGE MOSTERD-WHISKYSAUS & SIMPELE BROCCOLI

VOOR 2 PERSONEN | BEREIDINGSTIJD 20 MINUTEN

1 stronk broccoli (375 g)

1 grote banaansjalot

2 x 150 g ossenhaas

2 el whisky

1 volle tl dijonmosterd

100 ml *single cream* of slagroom

Snijd het harde uiteinde van de broccolisteel, schil de steel met een dunschiller en snijd de hele broccoli doormidden. Pel de sjalot en hak hem fijn. Zet een grote koekenpan met antiaanbaklaag op hoog vuur. Wrijf de ossenhaasjes in met ½ eetlepel olijfolie, een snufje zeezout en flink wat zwarte peper, leg ze in de hete pan en keer ze om de minuut om tot ze naar wens zijn. Kook de broccolihelften 5 minuten in een middelgrote pan gezouten kokend water.

Laat het vlees even op een bord rusten, doe de sjalot met 1 eetlepel olie in de hete pan en roer 1 minuut, of tot hij zacht is. Giet de whisky erbij en steek die – als je wilt – heel voorzichtig aan. Roer wanneer de vlammen doven de mosterd, room en een scheutje water erdoor. Laat 1 minuut pruttelen en giet het vleessap van het bord erbij. Schep de broccoli en romige saus op de borden. Snijd het vlees in plakjes, leg ze op de saus en sprenkel er 1 theelepel extra vierge olijfolie over.

ENERGIE	VET	VERZ. VET	EIWIT	KOOLHYD.	SUIKER	ZOUT	VEZELS
489 kcal	31,8 g	12,2 g	39,5 g	6,1 g	4,3 g	1,3 g	5,2 g

STICKY SIRLOIN MET GEMBER

CHILI-JAM, RIJSTNOEDELS, LIMOEN, KOMKOMMER & PINDA'S

VOOR 2 PERSONEN | BEREIDINGSTIJD 20 MINUTEN

90 g mihoen

½ komkommer

6 cm gemberwortel

1 krop romaine (bindsla)

2 limoenen

1 volle el chili-jam

1 lendenbiefstuk van 200 g

30 g ongezouten pinda's

Doe de mihoen met kokend water uit de waterkoker in een kom. Snijd de komkommer in reepjes. Schil de gember en snijd hem in luciferdunne reepjes. Trek de slabladeren los, snijd de buitenste bladeren fijn en laat de binnenste blaadjes heel. Rasp de schil van 1 limoen fijn in een kom, voeg het sap toe en voeg de helft van de chili-jam en 1 eetlepel (van elk) rodewijnazijn en extra vierge olijfolie toe om er een dressing van te maken. Laat de noedels uitlekken, spoel ze onder de koude kraan, leg ze met de sla en komkommer op een hoopje op een bord en maak ze aan met de dressing. Verwijder eventuele zenen van de biefstuk, snijd de vetrand van het vlees, snijd hem in blokjes van 2 cm en kruid ze met zeezout en zwarte peper.

Zet een grote koekenpan met antiaanbaklaag op hoog vuur. Hak de pinda's grof, rooster ze 3 minuten in de pan, of tot ze goudbruin zijn, zet ze opzij en zet de pan terug op het vuur. Doe nu ½ eetlepel olijfolie in de pan, roerbak de gember 1 minuut, doe de blokjes vlees erbij en roerbak ze 1 minuut mee – je wilt ze niet te gaar bakken. Roer de meeste pinda's en de overgebleven chili-jam erdoor, schep het vlees op een bord, strooi de rest van de pinda's erover en geef er partjes limoen bij om erover uit te knijpen.

ENERGIE	VET	VERZ. VET	EIWIT	KOOLHYD.	SUIKER	ZOUT	VEZELS
521 kcal	22,2 g	4,9 g	31,8 g	47,2 g	8,5 g	0,7 g	2,3 g

GESCHROEIDE STEAK & RODE CHIMICHURRI

GEPLETTE ZOETE AARDAPPEL, GEGRILE LENTE-UITJES & CRISPY BITS

VOOR 2 PERSONEN | BEREIDINGSTIJD 20 MINUTEN

1 lendenbiefstuk van 260 g

2 tenen knoflook

2 zoete aardappels (250 g elk)

1 bos lente-uitjes

2 verse rode pepers

½ pot van 465 g geroosterde rode paprika

½ bos bladpeterselie (15 g)

Snijd de vetrand van de biefstuk in kleine blokjes, doe ze met de ongepelde tenen knoflook in een koekenpan met antiaanbaklaag op matig-laag vuur en schep ze om de minuut om tot ze lekker crispy zijn. Schil ondertussen de zoete aardappels en snijd ze in stukjes van 4 cm. Kook ze 10 minuten in gezouten kokend water, of tot ze zacht zijn, giet ze af, druk ze plat, kruid ze met peper en zout en houd ze warm. Maak de lente-uitjes schoon, snijd de rode pepers doormidden en verwijder de zaadjes. Bak de lente-uitjes en pepers aan beide kanten lichtbruin in het vet van de steak. Schep 4 van de lente-uitjes en de uitgebakken blokjes vet op een schaaltje, kieper de rest van de lente-uitjes en pepers in een blender en knijp de zacht geworden knoflook erbij. Giet de paprika's af, doe ze met de peterselie en ½ eetlepel (van elk) extra vierge olijfolie en rodewijnazijn in de blender, maal alles fijn en voeg naar smaak peper en zout toe.

Zet het vuur onder de pan hoog. Verwijder de zenen van de steak, bestrooi het vlees met zeezout en een heleboel zwarte peper en bak de steak naar wens terwijl je hem om de minuut keert. Haal de steak uit de pan, laat hem 1 minuut op de lente-uitjes rusten en snijd hem dan in plakjes. Schep 2 eetlepels saus op elk bord (bewaar de rest voor toekomstige maaltijden), leg de plakjes vlees erop, sprenkel het vleessap erover en serveer met de zoete aardappel, lente-uitjes en crispy vetblokjes.

ENERGIE	VET	VERZ. VET	EIWIT	KOOLHYD.	SUIKER	ZOUT	VEZELS
487 kcal	17,1 g	7,4 g	32,7 g	51,6 g	11,4 g	1,2 g	7,6 g

JAPANSE STEAK SANDWICH

WASABI, PIKANTE INGELEGDE-KOMKOMMERSALADE & GEROOSTERD SESAMZAAD

VOOR 1 PERSOON | BEREIDINGSTIJD 15 MINUTEN

¼ komkommer

1 tl sesamzaad

1 magere lendenbiefstuk van 150 g

2 sneetjes zacht brood

1 tl wasabipasta

20 g waterkers

Schil de komkommer met een dunschiller en snijd hem in dunne ronde plakjes. Schep ze in een kom om met een snufje zeezout en 1 eetlepel rodewijnazijn, en laat ze marineren. Rooster het sesamzaad licht goudbruin in een koekenpan met antiaanbaklaag, doe het in een schaaltje en zet opzij. Verwijder de vetrand en zenen van de steak en bestrooi hem met peper en zout. Bak hem in een klein scheutje olijfolie op hoog vuur en keer hem elke minuut om tot hij naar wens is.

Besmeer de broodjes met wasabipasta (go hot or go home!), leg de steak erop, klap de sandwich dicht en snijd hem in dunne repen. Schep de waterkers door de komkommer, strooi het sesamzaad erover en ga aan tafel.

ENERGIE	VET	VERZ. VET	EIWIT	KOOLHYD.	SUIKER	ZOUT	VEZELS
497 kcal	17,4 g	5,9 g	47,1 g	37,1 g	4,3 g	1,7 g	2,5 g

MINUTE STEAK MET PROSCIUTTO & SALIE

AARDAPPEL-WORTELRÖSTI, GEBAKKEN EI & SPINAZIESALADE MET FRANSE DRESSING

VOOR 1 PERSOON | BEREIDINGSTIJD 20 MINUTEN

1 kleine aardappel (150 g)

1 kleine wortel (100 g)

1 steak à la minute van 130 g

1 plakje prosciutto

1 takje salie

1 groot ei

¼ tl dijonmosterd

30 g babyspinazie

Was de aardappel en wortel en rasp ze met lange halen op een grove rasp. Schep ze om met een snuf zeezout en leg ze op een schone theedoek. Snijd eventuele vetranden en zenen van de steak, leg het plakje prosciutto op het vlees, druk de geplukte salieblaadjes erop en sla er met je vuist op om alles goed te laten plakken. Doe 1 eetlepel olijfolie in een koude koekenpan met antiaanbaklaag (doorsnede 30 cm). Pak de punten van de theedoek bij elkaar, knijp zoveel mogelijk vocht uit de geraspte groenten en strooi ze in de pan. Druk ze plat, zet de pan op matig-hoog vuur en bak de groenten 5 minuten, of tot ze crispy en goudbruin zijn. Stort de koek voorzichtig op een bord, schuif hem terug in de pan en bak de andere kant 3 minuten. Zet ondertussen een middelgrote koekenpan met antiaanbaklaag op hoog vuur. Wrijf de steak in met 1 theelepel olie, bak hem 2 minuten met de prosciutto aan de onderkant, keer hem om en bak hem nog 1 minuut. Bak het ei naar wens naast het vlees in een extra drupje olie.

Meng de mosterd, een scheutje (van elk) rodewijnazijn en extra vierge olijfolie en een snufje zeezout en zwarte peper, en maak de spinazie met deze dressing aan. Schuif de rösti op een bord, schep de steak, het gebakken ei en de aangemaakte spinazie erop en ga aan tafel.

ENERGIE	VET	VERZ. VET	EIWIT	KOOLHYD.	SUIKER	ZOUT	VEZELS
566 kcal	26,1 g	5,6 g	49,9 g	36,6 g	6,4 g	2,6 g	5,7 g

SAPPIGE, GESCHROEIDE STEAK

TOMATEN, ARTISJOK, MUNT, CITROEN & LUCHTIGE COUSCOUS

VOOR 2 PERSONEN | BEREIDINGSTIJD 20 MINUTEN

½ bos munt (15 g)

100 g couscous

1 lendenbiefstuk van 200 g

20 g geschaafde amandelen

½ el vloeibare honing

160 g rijpe, verschillend gekleurde kerstomaatjes

½ pot van 185 g artisjokharten in olie

1 kleine ingelegde citroen

Pluk de muntblaadjes. Doe de steeltjes met de couscous in een kom, giet er zo veel kokend water uit de waterkoker bij dat de korrels net onderstaan en dek de kom af. Snijd de zenen van de steak, bestrooi het vlees met een klein snufje zeezout en een snufje zwarte peper, houd hem met een keukentang even rechtop op de vetrand in een grote koekenpan met antiaanbaklaag op matig-hoog vuur en leg hem plat wanneer de vetrand goudbruin en krokant is. Schroei de steak aan beide kanten tot hij naar wens is – ik heb die van mij het liefst medium-rare. Rooster de amandelen de laatste 30 seconden mee. Meng de honing erdoor en laat de steak en amandelen even op een bord rusten.

Doe de tomaatjes en de uitgelekte artisjokharten met een flinke scheut water in de hete pan. Roerbak ze 2 minuten terwijl je ondertussen de citroen fijnhakt en de pitten verwijdert. Roer de citroen samen met de meeste muntblaadjes door het mengsel in de pan en bak alles nog een paar minuten. Roer de couscous los en luchtig, voeg naar smaak zeezout en zwarte peper toe, verdeel hem over de borden en schep de tomaatjes en artisjokharten erop. Snijd de steak in plakjes, verdeel ze met de amandelen en het vleessap over de borden en garneer met de overgebleven muntblaadjes.

ENERGIE	VET	VERZ. VET	EIWIT	KOOLHYD.	SUIKER	ZOUT	VEZELS
470 kcal	16,9 g	3,5 g	34,4 g	47,9 g	8,8 g	1,4 g	7,1 g

BEEF WELLINGTON VOOR TWEE

BLADERDEEG, SPINAZIEPANNENKOEKJES & PADDENSTOELENPATÉ

VOOR 2 PERSONEN | BEREIDINGSTIJD 1 UUR EN 30 MINUTEN

1 rode ui

250 g gemengde paddenstoelen

1 ossenhaas van 230 g

½ bos tijm (10 g)

2 grote eieren

1 mok bloem, plus extra om te bestuiven

100 g babyspinazie

1 vel bladerdeeg van 320 g (koud)

Pel de ui en snijd hem met de paddenstoelen in grove stukjes. Zet een koekenpan met antiaanbaklaag (30 cm doorsnede) op hoog vuur. Kruid de ossenhaas met zeezout en flink wat zwarte peper, en wrijf hem in met 1 theelepel olijfolie. Braad het vlees in 2 minuten rondom aan en leg het op een bord. Zet de pan met de ui en paddenstoelen terug op matig vuur, voeg de geriste tijmblaadjes toe en bak 15 minuten onder regelmatig roeren, of tot alles zacht is. Maal in een blender tot een smeerbare consistentie, voeg naar smaak peper en zout toe en doe het mengsel in een kom. Pulseer 1 ei met de mok bloem, spinazie, een snufje zout en 1 mok water in de blender tot een glad beslag. Zet de pan terug op matig vuur, wrijf hem in met olie en giet er een dun laagje beslag in. Bak de pannenkoek 1 minuut aan elke kant, zonder hem te laten verkleuren, schuif hem op een bord en laat afkoelen. Bewaar de rest van het beslag voor je ontbijt of brunch.

Verwarm de oven voor op 220°C. Leg de pannenkoek op een stuk plasticfolie en smeer de paddenstoelenpaté er dun op. Leg de biefstuk in het midden en vouw de paté er met de folie omheen. Leg het pakket (zonder folie!) op 2 cm van de rand op het bladerdeeg. Kwast het deeg in met geklutst ei, vouw het over het vlees heen en houd rondom een randje deeg over. Snijd de rand op 2 cm af, knijp het pakket zorgvuldig dicht, kwast het in met ei en gebruik de deegrestjesals versiering. Bak de Wellington 25 minuten onder in de oven, of tot het deeg van boven goudbruin en van onderen krokant is, voor rosé vlees. Laat 2 minuten rusten en ga aan tafel.

ENERGIE	VET	VERZ. VET	EIWIT	KOOLHYD.	SUIKER	ZOUT	VEZELS
616 kcal	34,1 g	19 g	33 g	44,1 g	7,3 g	1,1 g	5,5 g

1 FANTASTISCHE VARKENSHAAS VAN DE BBQ
KNOFLOOKCHIPS, ROZEMARIJN, RIJST & BONEN, TOMATEN & RODE PEPER

2 VARKENSSCHNITZEL
BLOZENDE AARDAPPELSALADE & GEBAKKEN EIEREN

3 VARKENSHAAS MET PROSCIUTTO
SMEUÏGE, KAZIGE GNOCCHI & ERWTENGRATIN, PESTO & CRISPY SALIE

4 VARKENSHAAS MET ZWARTEBONENSAUS
MIHOEN, CRUNCHY GROENTEN, VERSE RODE PEPER, KNOFLOOK & KROEPOEK

5 MIJN VARKENSVINDALOO
FLESPOMPOEN, KNOFLOOK, CURRYBLAADJES & CHAPATI'S

6 ZOETZUUR VARKENSVLEES
GARNALEN, CRUNCHY GEMENGDE GROENTEN, PERZIK & LUCHTIGE RIJST

7 VARKENSVLEES MET HOISIN
ZACHT GESTOOMD BROOD, GARNERING & STROOISELS

VARKENSVLEES

FANTASTISCHE VARKENSHAAS VAN DE BBQ

KNOFLOOKCHIPS, ROZEMARIJN, RIJST & BONEN, TOMATEN & RODE PEPER

VOOR 2 PERSONEN | BEREIDINGSTIJD 25 MINUTEN

1 blik van 400 g zwarte bonen

½ mok basmatirijst (150 g)

4 tenen knoflook

2 takjes rozemarijn

1 varkenshaas van 250 g

250 g rijpe, verschillend gekleurde kerstomaatjes

2 verse rode pepers

2 el BBQ-saus

Zet de bonen met vocht en al in een middelgrote pan op matig-hoog vuur en doe er ½ mok rijst en 1 mok kokend water uit de waterkoker (300 ml) bij. Voeg zeezout en zwarte peper naar smaak toe, roer goed en kook de bonen en rijst onafgedekt 12 minuten. Leg dan een deksel op de pan en zet het vuur uit.

Pel ondertussen de knoflook, snijd hem in dunne plakjes en bak hem in 1 eetlepel olijfolie in een koekenpan met antiaanbaklaag op matig-hoog vuur tot hij licht goudbruin is; schep hem dan op een bord. Doe de geriste rozemarijnnaaldjes in de pan, bak ze 1 minuut en schep ze eruit wanneer ze crispy zijn. Verwijder eventuele zenen van de varkenshaas, snijd hem in grove stukken en wrijf ze in met peper. Bak ze 12 minuten onder regelmatig omkeren, of tot ze net gaar zijn. Snijd ondertussen de kerstomaatjes doormidden of in kwarten en de pepers in dunne ringetjes, strooi er een snufje peper en zout over en maak ze aan met ½ eetlepel (van elk) rodewijnazijn en extra vierge olijfolie. Schep het vlees op een bord, sprenkel de BBQ-saus erover, bestrooi met de crispy knoflook en rozemarijn en laat even rusten. Schep dan de rijst en bonen op de borden, met de tomatensalade ernaast, en serveer ze met de prachtige varkenshaas.

ENERGIE	VET	VERZ. VET	EIWIT	KOOLHYD.	SUIKER	ZOUT	VEZELS
434 kcal	19,7 g	4,7 g	38,7 g	20 g	9,2 g	1,6 g	13,9 g

VARKENSSCHNITZEL

BLOZENDE AARDAPPELSALADE & GEBAKKEN EIEREN

VOOR 2 PERSONEN | BEREIDINGSTIJD 20 MINUTEN

345 g kleine nieuwe aardappels

50 g gemengde cornichons en zilveruitjes

4 el biologische yoghurt

1 volle tl dijonmosterd

2 ingelegde rode bieten uit een pot

2 x 200 g varkenslende

3 grote eieren

75 g fijn paneermeel

Boen de aardappeltjes schoon, halveer de grote, en kook ze 15 minuten in een pan gezouten water, of tot ze gaar zijn. Hak de cornichons en zilveruitjes fijn en meng ze in een grote kom met de yoghurt en mosterd. Laat de aardappeltjes uitlekken, roer ze erdoor en voeg naar smaak peper en zout toe. Hak de bieten fijn en strooi ze er alvast over, zodat je ze er later alleen nog doorheen hoeft te roeren.

Verwijder ondertussen de vetrand van het vlees, maak met een vlijmscherp mes een snee in het midden van de stukken, zodat je ze als een boek kunt openklappen, en sla ze met je vuist plat. Kluts 1 ei in een ondiepe kom en strooi het paneermeel op een bord. Kruid de schnitzels met peper en zout, haal ze door het ei, laat ze even uitdruipen en druk ze dan met beide kanten in het paneermeel om ze een jasje te geven. Zet een grote koekenpan met antiaanbaklaag met een laagje olijfolie op matig-hoog vuur. Leg wanneer de olie goed heet is de schnitzels in de pan, bak ze 4 minuten aan elke kant, of tot ze goudbruin zijn, schep ze op een stuk keukenpapier om uit te lekken en laat de pan op het vuur staan. Breek de eieren vlug boven de pan, bak ze naar wens en laat ze ook uitlekken. Schep de biet door de aardappelsalade, maak de borden op, bestrooi met een snufje zwarte peper en ga aan tafel.

ENERGIE	VET	VERZ. VET	EIWIT	KOOLHYD.	SUIKER	ZOUT	VEZELS
838 kcal	49,2 g	14,5 g	49,1 g	49,1 g	7,8 g	2,8 g	2,5 g

VARKENSHAAS MET PROSCIUTTO

SMEUÏGE, CHEESY GNOCCHI & ERWTENGRATIN, PESTO & CRISPY SALIE

VOOR 4 PERSONEN | BEREIDINGSTIJD 50 MINUTEN

500 ml halfvolle melk

60 g parmezaan

500 g aardappelgnocchi

320 g diepvriesdoperwten

8 plakjes prosciutto

2 el groene pesto

1 varkenshaas van 500 g

½ bos salie (10 g)

Verwarm de oven voor op 220 °C. Giet de melk in een blender, rasp de meeste kaas erboven en voeg 10 gnocchi en een snufje zwarte peper toe. Pureer alles tot een gladde saus. Zet de rest van de gnocchi met de erwten in een ovenbestendige koekenpan met antiaanbaklaag (26 cm doorsnede) op matig vuur, giet de saus erover en breng aan de kook. Leg ondertussen een vel van 50 cm bakpapier neer, leg de plakjes prosciutto er iets overlappend op en besmeer ze met de pesto. Verwijder eventuele zenen van de varkenshaas, wrijf hem in met een snufje zwarte peper, leg hem aan de rand van de prosciutto en wikkel het vlees met behulp van het papier in de plakjes prosciutto. Verwijder het papier en leg het vlees op een ingevette bakplaat. Rasp de overgebleven kaas boven de gnocchi, zet de pan voorzichtig in de oven, zet het vlees eronder en bak beide 30 minuten.

Haal het vlees ongeveer 5 minuten voor tijd uit de oven, kwast het met een takje salie in met het braadvocht van de plaat, pluk de blaadjes voorzichtig, strooi ze over het vlees en zet het geheel nog heel even terug in de oven. Laat het vlees dan 5 minuten rusten terwijl je de gnocchi nog heel even in de oven laat staan. Serveer het vlees en de gnocchi samen, en sprenkel het braadvocht van de plaat over het vlees.

ENERGIE	VET	VERZ. VET	EIWIT	KOOLHYD.	SUIKER	ZOUT	VEZELS
674 kcal	25,7 g	9,4 g	51,7 g	59,1 g	9 g	2,8 g	6,1 g

VARKENSHAAS MET ZWARTEBONENSAUS

MIHOEN, CRUNCHY GROENTEN, VERSE RODE PEPER, KNOFLOOK & KROEPOEK

VOOR 2 PERSONEN | BEREIDINGSTIJD 15 MINUTEN

90 g mihoen

1 ui

1 verse rode peper

1 varkenshaas van 250 g

4 tenen knoflook

175 g gemengde babymais en peultjes

2 volle el zwartebonensaus

20 g kroepoek

Zet een grote koekenpan met antiaanbaklaag op hoog vuur. Doe de mihoen in een hittebestendige kom en giet er een laag kokend water uit de waterkoker op. Pel de ui, snijd hem in stukjes van 1 cm en snijd de rode peper in grove stukjes. Bak de ui en rode peper 2 minuten onder regelmatig roeren in de droge koekenpan. Verwijder eventuele zenen van de varkenshaas en snijd hem in blokjes van 2 cm. Pel de knoflook, snijd hem in plakjes en roerbak hem 2 minuten met de blokjes vlees en 1 eetlepel olijfolie in de pan. Snijd de babymais en peultjes in stukjes van 2 cm, doe ze in de pan en roerbak alles nog 2 minuten. Voeg 1 eetlepel rodewijnazijn en de zwartebonensaus toe, laat 30 seconden sissen, of tot het vlees net gaar is, en voeg peper en zout naar smaak toe.

Laat de mihoen uitlekken en verdeel hem over de kommen. Schep het varkensvlees, de groenten en zwartebonensaus erover, verkruimel de kroepoek erboven en ga aan tafel.

ENERGIE	VET	VERZ. VET	EIWIT	KOOLHYD.	SUIKER	ZOUT	VEZELS
574 kcal	19,8 g	4,2 g	34,9 g	62,8 g	9,8 g	0,6 g	2,8 g

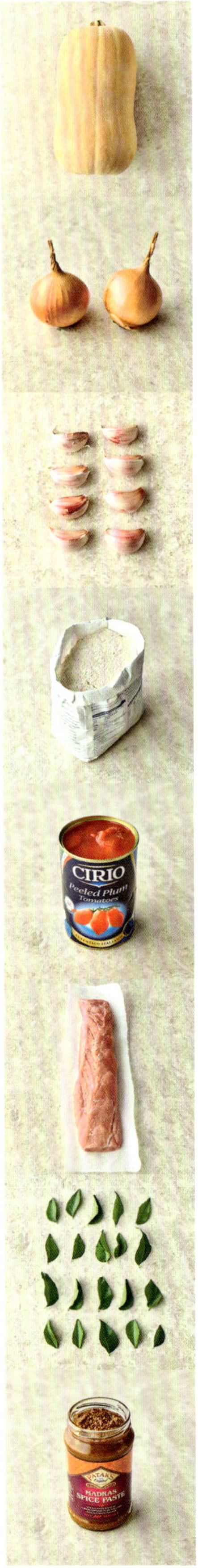

MIJN VARKENSVINDALOO

FLESPOMPOEN, KNOFLOOK, CURRYBLAADJES & CHAPATI'S

VOOR 4 PERSONEN | BEREIDINGSTIJD 1 UUR

½ flespompoen (600 g)

2 uien

8 tenen knoflook

250 g volkoren zelfrijzend bakmeel

1 blik van 400 g gepelde tomaten

1 varkenshaas van 500 g

20 curryblaadjes

2 volle el madras-currypasta

Verwarm de oven voor op 180 °C. Schil de hals van de flespompoen en snijd hem in blokjes van 2 cm. Pel de uien en snijd ze in ongeveer even grote blokjes als de pompoen. Pel en halveer de knoflook. Schep de pompoen, ui en knoflook met 1 eetlepel olijfolie om in een grote, ondiepe braadpan met antiaanbaklaag en bak ze 40 minuten in de oven. Strooi ondertussen het meel met een klein snufje zeezout op een hoop in een grote kom, giet er geleidelijk 150 ml water bij en meng er een deeg van. Kneed het deeg 2 minuten op een met meel bestoven werkvlak, verdeel het in vier gelijke porties en rol ze dun uit. Bak de chapati's 1 minuut aan elke kant in een droge koekenpan met antiaanbaklaag op hoog vuur, verpak ze in aluminiumfolie en leg de pakketjes in de oven wanneer je die uitzet, zodat ze warm blijven.

Zet de braadpan op matig-hoog vuur op het fornuis. Giet de tomaten en 1 blikje water in de pan, druk de tomaten met de achterkant van je lepel stuk en laat ze 10 minuten pruttelen. Zet de koekenpan terug op hoog vuur, verwijder eventuele zenen van de varkenshaas, snijd hem in blokjes van 2 cm en doe ze met ½ eetlepel olie in de pan. Roerbak het vlees 5 minuten, doe de curryblaadjes, currypasta en 4 eetlepels rodewijnazijn erbij en roerbak nog 1 minuut, of tot alles goed gemengd is en de blokjes vlees net gaar zijn. Kieper alles bij de pompoen in de pan, roer goed en voeg naar smaak peper en zout toe. Serveer de curry met de warme chapati's.

ENERGIE	VET	VERZ. VET	EIWIT	KOOLHYD.	SUIKER	ZOUT	VEZELS
566 kcal	17 g	3,5 g	40,8 g	66,6 g	17,9 g	1,8 g	11,9 g

ZOETZUUR VARKENSVLEES

GARNALEN, CRUNCHY GEMENGDE GROENTEN, PERZIK & LUCHTIGE RIJST

VOOR 2 PERSONEN | BEREIDINGSTIJD 15 MINUTEN

½ mok basmatirijst (150 g)

1 zak van 320 g gemengde roerbakgroenten

½ blik van 410 g perzikschijven op sap

1 volle el tomaat-chilichutney

1 el zoutarme sojasaus

2 x 200 g varkensfilet

80 g rauwe grote garnalen, gepeld

2 el maizena

Doe ½ mok rijst, 1 mok kokend water uit de waterkoker (300 ml) en een klein snufje zeezout in een kleine pan. Leg een deksel op de pan, kook de rijst 12 minuten op matig vuur, stoom de roerbakgroenten de laatste 2 minuten mee en zet het vuur uit.

Giet ondertussen de helft van het sap uit het blik halve perziken in een kom en roer de chutney, sojasaus en 1 eetlepel rodewijnazijn erdoor. Zet een grote koekenpan met antiaanbaklaag op hoog vuur. Snijd de vetranden van het vlees en gooi ze weg. Snijd het vlees in blokjes van 2 cm en schep ze om met de garnalen en maizena. Doe 1 eetlepel olijfolie in de hete pan en roerbak eerst de blokjes vlees 4 minuten. Strooi de garnalen in de pan, roerbak ze 1 minuut en doe de uitgelekte perzikschijven en de saus erbij. Laat de boel nog 1 minuut pruttelen, zet het vuur uit en voeg naar smaak peper en zout toe. Roer de rijst los, verdeel hem met de gemengde groenten over de borden en schep de zoetzure blokjes vlees, de garnalen en de perzikschijven erop.

ENERGIE	VET	VERZ. VET	EIWIT	KOOLHYD.	SUIKER	ZOUT	VEZELS
791 kcal	31,6 g	10 g	45,1 g	86,6 g	13,2 g	1,6 g	5,3 g

VARKENSVLEES MET HOISIN

ZACHT GESTOOMD BROOD, GARNERING & STROOISELS

VOOR 4 PERSONEN | BEREIDINGSTIJD 25 MINUTEN

250 g zelfrijzend bakmeel

1 varkenshaas van 500 g

1 komkommer

4 lente-uitjes

200 g radijsjes

1 krop botersla

30 g wasabi-erwten

4 el hoisinsaus

Strooi het meel met een snufje zeezout op een hoop in een kom. Meng er 150 ml water door, kneed het deeg 2 minuten op een met meel bestoven werkvlak, dek het af en laat het rusten. Verwijder eventuele zenen van het vlees, snijd het in twee grove stukken en wrijf ze rondom in met zwarte peper. Bak ze onder regelmatig omkeren 15 minuten in 1 eetlepel olijfolie in een koekenpan met antiaanbaklaag (30 cm doorsnede) op matig-hoog vuur, of tot ze net gaar zijn. Maak met een vork lange krassen in de schil van de komkommer en snijd hem in dunne plakjes. Maak de lente-uitjes en radijsjes schoon. Snijd de lente-uitjes in ringetjes en de radijsjes in plakjes. Was de sla en leg de losse blaadjes als schuitjes neer. Kneus de wasabi-erwten in een vijzel.

Schep de stukken vlees op een bord en laat de pan op het vuur staan. Sprenkel de hoisinsaus gelijkmatig over het vlees en laat even rusten. Giet ½ cm water in de hete pan. Vet een groot vel bakpapier licht in met olie, leg het deeg erop, trek en rek het voorzichtig uit tot een diameter van 30 cm en kerf het heel licht in kwarten in. Knip het papier bij zodat het deeg met papier en al in de pan past, leg het erin en stoom het brood afgedekt 5 minuten, of tot het gaar is. Zet alles op tafel.

ENERGIE	VET	VERZ. VET	EIWIT	KOOLHYD.	SUIKER	ZOUT	VEZELS
515 kcal	14,2 g	4,1 g	36,9 g	62,3 g	11,7 g	1,8 g	4,9 g

BOODSCHAP VAN JAMIE'S VOEDINGSTEAM

De taak van ons team is ervoor zorgen dat Jamie lekker creatief met recepten bezig kan zijn, maar ook dat die aan de door ons gestelde richtlijnen voldoen. Elk boek heeft een andere insteek, en ***7 x anders*** is bedoeld om je een massa inspiratie te geven voor elke dag van de week. 72 procent van de recepten in dit boek past binnen de gezonde dagelijkse richtlijnen. Maar het zijn niet allemaal complete maaltijden, dus is het aan jou om ze zo te combineren dat er een uitgebalanceerd maal ontstaat. Onder elk recept hebben we een tabel met voedingswaarden gezet, zodat je in een oogopslag kunt zien wat je binnenkrijgt en hoe het gerecht in je wekelijkse dieet past. Zo kun je steeds een weloverwogen keuze maken.

Eten is leuk, speels en creatief – het geeft je energie en speelt een cruciale rol bij het gezond houden van je lichaam. Onthoud: een goed en uitgebalanceerd dieet en regelmatige lichaamsbeweging vormen de sleutel tot een gezondere levensstijl. We labelen voedsel niet als 'goed' en 'slecht', maar benadrukken het verschil tussen voedzaam eten voor elke dag en gerechten waar je af en toe van mag genieten. Kijk voor meer informatie over onze richtlijnen en de manier waarop we recepten analyseren op **jamieoliver.com/nutrition**.

Rozzie Batchelar, senior voedingsdeskundige, RNutr (food)

HET UITGEBALANCEERDE BORD

Balans is de ultieme sleutel. Als je je borden perfect uitbalanceert en de porties onder controle houdt, ben je al flink op weg naar een goede gezondheid. Een gevarieerd dieet is cruciaal om alle voedingsstoffen binnen te krijgen die je lichaam nodig heeft om gezond te blijven. Je hoeft heus niet elke dag exact goed te zitten, als je gemiddelde per week maar klopt. Wat vlees en vis betreft: ga voor hoofdgerechten uit van minstens twee porties vis per week, waarvan één vet. De rest van de week verdeel je dan tussen briljante plantaardige maaltijden, wat gevogelte en een klein beetje rood vlees. Een volledig vegetarisch dieet kan natuurlijk ook.

DE JUISTE BALANS

De makkelijkste manier om de balans in de gaten te houden is aan de hand van richtlijnen van de overheid. Gebruik de onderstaande tabel als richtlijn voor de dagelijkse verhouding van elke voedselgroep.

DE VIJF VOEDSELGROEPEN *	PERCENTAGE
Groenten en fruit	39%
Zetmeelrijke koolhydraten (brood, rijst, aardappels, pasta)	37%
Eiwitten (mager vlees, vis, eieren, bonen, andere niet-zuivelpoducten)	12%
Zuivelproducten en -alternatieven	8%
Onverzadigde vetten (zoals olie)	1%
EN VERGEET OOK NIET VOLDOENDE WATER TE DRINKEN	

* De overige 3 procent bestaat uit voedsel waar je af en toe van mag genieten.

GROENTE & FRUIT

Deze schatkamer van voedingsstoffen hoort het middelpunt van je dieet te zijn. Geniale groenten en vruchten zijn er in alle vormen, maten, kleuren, smaken en texturen. Eet de hele regenboog en varieer zo veel mogelijk aan de hand van de seizoenen, zodat je ingrediënten altijd van optimale kwaliteit en supergezond zijn. Streef naar minstens vijf porties van 80 g groente en fruit per dag (vers, diepvries of uit blik), maar meer is natuurlijk altijd goed. 30 g gedroogd fruit, 80 g bonen of peulvruchten en 150 ml ongezoet groente- of vruchtensap tellen ook als één portie.

ZETMEELRIJKE KOOLHYDRATEN

Koolhydraten geven ons een blij, verzadigd en energiek gevoel. Daarbij leveren ze een groot deel van de energie die we nodig hebben om te bewegen en onze organen aan de gang te houden. Kies als het even kan voor vezelrijke meergranen- en volkorenproducten. Voor een gemiddelde volwassene is 260 g koolhydraten de aanbevolen dagelijkse hoeveelheid, waarvan maximaal 90 g in de vorm van suikers, zoals natuurlijke suikers uit fruit, melk en melkproducten, en niet meer dan 30 g zogeheten vrije suikers. Vrije suikers zijn toegevoegde suikers in voedsel en dranken, zoals suikers in honing, siropen, vruchtensappen en smoothies. Vezels vallen ook onder de koolhydraten en zitten voornamelijk in plantaardig voedsel, zoals volkoren koolhydraten, groente en fruit. Ze dragen bij aan een gezond spijsverteringssysteem, houden de bloedsuikerspiegel stabiel en zorgen voor een gezond cholesterolgehalte. Voor volwassenen geldt een minimum van 30 g vezels per dag.

EIWITTEN

Eiwitten moet je zien als bouwstenen van ons lichaam – ze zijn belangrijk voor groei en herstel. Varieer zoveel mogelijk met eiwitten, en denk daarbij ook aan plantaardige bronnen. Kies bij dierlijke eiwitten zoveel mogelijk voor mager vlees en eet per week minstens twee porties vis, waarvan één portie vette vis. De aanbevolen dagelijkse hoeveelheid voor een gemiddelde vrouw van 19-50 jaar is 45 g. Voor mannen in dezelfde leeftijdsgroep is het 55 g.

ZUIVEL & ALTERNATIEVEN

Deze voedselgroep omvat, mits in de juiste hoeveelheden gegeten, een grote verscheidenheid aan voedingsstoffen. Kies het liefst voor biologische melk en yoghurt en kleine hoeveelheden kaas; de magere varianten (zonder toegevoegde suiker) zijn net zo lekker als het volvette spul en de moeite waard. Het is op zich fantastisch dat er diverse plantaardige alternatieven verkrijgbaar zijn, maar qua voedingswaarde kunnen ze zuivel echt niet zomaar vervangen. Om de kloof met wat in essentie eigenlijk water met een smaakje is te overbruggen, kun je het best gaan voor verrijkte, ongezoete alternatieven.

ONVERZADIGDE VETTEN

Hoewel slechts in kleine hoeveelheden, hebben we gezonde vetten wel degelijk nodig. Kies waar mogelijk voor onverzadigde bronnen, zoals olijfolie en vloeibare plantaardige vetten, noten, zaden en avocado (omega 3-rijke vette vis kan ook). Een gemiddelde volwassen vrouw mag maximaal 70 g vet per dag, waarvan minder dan 20 g verzadigd. Voor een gemiddelde volwassen man geldt respectievelijk 90 g en 30 g.

DRINK GENOEG WATER

Om te presteren moet je voldoende vocht tot je nemen. Zonder water geen leven! Voor meisjes en vrouwen vanaf 14 jaar geldt een minimum van 2,5 liter per dag; mannen in dezelfde leeftijdsgroep hebben aan 2 liter genoeg.

OVER ENERGIE & VOEDINGSSTOFFEN

Een gemiddelde vrouw heeft dagelijks 2000 calorieën nodig en een gemiddelde man 2500. Maar dit zijn globale richtlijnen; wat we precies moeten eten, is afhankelijk van diverse factoren, zoals leeftijd, lichaamsbouw, levensstijl en hoeveelheid lichaamsbeweging.

BEDANKT

Door de jaren heen heb ik al heel wat dankwoorden geschreven, en het wordt er niet makkelijker op. Er zijn namelijk echt een heleboel fantastische mensen, zowel bij mij op kantoor als daarbuiten, die aan de productie van de boeken en het waanzinnige randgebeuren meewerken. Het is onmogelijk om de namen van al die toppers te noemen, vandaar dat ik het dit jaar vrij kort gehouden heb. Als je naam er niet bij staat en je hebt wel degelijk een bijdrage geleverd, moet je maar langskomen – krijg je een biertje van me!

In de eerste plaats, zoals altijd: mijn onvolprezen voedingsteam. Ik ben immens dankbaar voor de geniale groep die mijn liefde voor voedsel deelt. De enige echte Ginny Rolfe, en de rest van de fantastische *gang*: Maddie Rix, Jodene Jordan, Elspeth Allison, Rachel Young, Hugo Harrison, Sharon Sharpe, Becky Merrick, Lydia Lockyer en Helen Martin – en de externe leden van onze voedingsfamilie: freelancers Isla Murray, Sophie Mackinnon en Francesca Paling. En natuurlijk mijn voedingspartners, Pete Begg en Bobby Sebire. Ik weet niet of jullie mijn werkpartners of elkaars werkpartners zijn, of dat we meer een driehoeksverhouding hebben, maar ik ben jullie hoe dan ook eeuwig dankbaar!

Speciaal voor mijn voedingsteam en technische crew – jullie houden mij scherp, ik houd jullie scherp, samen zijn we een factor om rekening mee te houden. Een speciale vermelding bij dit project trouwens voor Rozzie 'the batch' Batchelar en Lucinda Cobb.

Veel liefs ook voor mijn favoriete vegetariër en hoofdredacteur Rebecca Verity, onze nieuwste aanwinst, redactieassistent Jade Melling, en de rest van het redactieteam.

Veel dank aan Levon Biss, onze fotograaf voor dit boek. Het was voor jou de eerste keer dat je eten gefotografeerd hebt, en ik weet niet of je het nog eens wilt doen, maar mij was het een waar genoegen. Jouw energie en het leven dat je in de brouwerij bracht waren fantastisch. Ook assistent Mr. Richard Clatworthy mag niet ongenoemd blijven – alle liefs, dude, en dat geldt ook voor de lieftallige *ladies* Lima O'Donnell en Julia Bell.

Voor het design natuurlijk weer enorm veel dank aan mijn gabber James Verity van creatief bureau Superfantastic. Nog altijd even flitsend en funky – bedankt voor je aanwezigheid en inzet.

IEDEREEN!

En dan mijn uitgever, het illustere team van Penguin Random House. Ik weet zeker dat jullie, net als ik, aan dit boek gewerkt hebben in liefdevolle herinnering aan John Hamilton, en dat veel beslissingen in zijn geest genomen zijn. Jullie weten dat ik enorm veel van jullie houd en eeuwig dankbaar ben voor jullie steun en vriendschap. Dikke knuffels aan Tom Weldon, Louise Moore, Elizabeth Smith, Clare Parker, Ella Watkins, Juliette Butler, Katherine Tibbals, Lee Motley, Sarah Fraser, Nick Lowndes, Christina Ellicott, Rachel Myers, Katie Corcoran, Natasha Lanigan, El Beckford, Louise Blakemore, Chantal Noel, Vanessa Forbes, Catherine Wood, Joshua Crosley, Jane Kirby, Lee-Anne Williams, Jade Unwin, Chris Wyatt, Tracy Orchard, Jane Delaney, Anna Curvis en Catherine Knowles. Maar ook aan onze trouwe freelancers: de lieftallige Annie Lee, Sophie Elletson, Emma Horton en Caroline Wilding.

Over naar mijn kantoor. Ik prijs mezelf gelukkig dagelijks omringd te zijn door zoveel briljante mensen. Dat zal ik nooit voor vanzelfsprekend aannemen. Mijn teams overtreffen zichzelf steeds weer, en daar ben ik enorm dankbaar voor. Als ik kijk naar de productie en promotie van dit boek, denk ik allereerst aan mijn marketing- en pr-teams – Jeremy Scott, Katie McNeilage, Rosalind Godber, Michelle Dam, Saskia Wirth en Heather Milner – en aan mijn uitmuntende Chef Social: Subi Gnanaseharam en haar team. Onze grote leider, mijn zwager en CEO Mr. Paul Hunt, mijn Deputy Louise Holland, mijn Chief Content Officer Zoe Collins, Afdelingshoofd Productie Sean Moxhay, mijn legendarische Executive Assistant Ali Solway en alle andere teams op kantoor: ik hou van jullie allemaal!

Ook bij de tv heb ik weer met een paar absolute legendes mogen samenwerken. Lees de aftiteling voor de namen. Jullie hebben briljant werk geleverd. Veel liefs voor Sam Beddoes en Katie Millard, voor jullie geniale werk en waanzinnige crew. En natuurlijk mijn Channel 4-familie en de FremantleMedia International-posse – bedankt!

Tot slot mijn fantastische familie. Jullie houden me (meestal) met beide benen op de grond. Dank voor jullie niet-aflatende liefde, steun en aanmoediging, mijn allerliefste Jools, ons zootje ongeregeld, Poppy, Daisy, Buddy, Petal en kleine River, mijn dierbare pa en ma, mijn zus, Anna-Marie, en Mrs. Norton en Leon. En *last but never ever least*: Mr. Gennaro Contaldo – *you da best!*

REGISTER

Recepten waar een V achter staat, zijn geschikt voor vegetariërs. Soms zul je een vegetarisch alternatief voor kaas, zoals parmezaan, moeten gebruiken. (Voor sommige recepten met gehakt of worst zijn er vegetarische alternatieven; die zijn aangegeven met *.)

A

B

D

E

I

J

K

L

M

N

O

P

Q

R

S

T

U

V

W

Y

Z

Kijk voor een makkelijk overzicht van alle vegetarische, vegan, zuivel- en glutenvrije recepten uit dit boek op:

jamieoliver.com/7ways/reference

BOEKEN VAN JAMIE OLIVER

1 The Naked Chef *1999*

2 The Naked Chef is terug *2000*

3 Happy Days met de Naked Chef *2001*

4 De basis van het koken *2002*

5 Jamie's Dinners *2004*

6 Jamie's Italië *2005*

7 Kook met Jamie *2006*

8 Thuis bij Jamie *2007*

9 Jamie's kookrevolutie *2008*

10 Jamie's Amerika *2009*

11 Jamie's reizen *2010*

12 Jamie in 30 minuten *2010*

13 Te gast bij Jamie *2011*

14 Jamie in 15 minuten *2012*

15 Bespaar met Jamie *2013*

16 Jamie's comfort food *2014*

17 Jamie's super food voor elke dag *2015*

18 Super food voor familie en vrienden *2016*

19 Jamie Oliver's kerstkookboek *2016*

20 5 ingrediënten – snel & simpel koken *2017*

21 Jamie kookt Italië *2018*

22 Jamie's Food Fight Club weekend kookboek *2018*

23 Veg *2019*

24 7 x anders *2020*

TREK IN MEER?

Kijk voor handige voedingsadviezen, filmpjes, hints, tips en tricks over allerlei verschillende onderwerpen, enorm veel fantastische recepten en meer op

JAMIEOLIVER.COM #JAMIES7WAYS

KOSM•S

www.kosmosuitgevers.nl
www.jamieoliver.com

OPMERKINGEN BIJ DE RECEPTEN

- De in dit boek gebruikte eetlepels hebben een inhoud van 15 ml; de theelepels van 5 ml. De inhoud van Nederlandse lepels varieert; gebruik bij voorkeur genormaliseerde maatlepels met een inhoud van 15, 10, 5, 2½ en 1¼ ml, die als set bij kookwinkels verkrijgbaar zijn. De in de receptuur gebruikte lepels zijn altijd afgestreken, tenzij anders is aangegeven.
- Ovens verschillen onderling in temperatuur, zelfs die van eenzelfde merk. Lees de aangegeven temperaturen en baktijden als een betrouwbare aanwijzing, maar pas ze zo nodig aan je eigen oven aan.
- In sommige recepten wordt *single* of *double cream* gebruikt. Je kunt hiervoor slagroom als alternatief gebruiken. De bij deze recepten genoemde voedingswaarden zullen in dat geval afwijken.

Eerste druk, 2020

Oorspronkelijke titel: *7 Ways*
Oorspronkelijke uitgegeven in 2020 door Michael Joseph, onderdeel van de Penguin Random House group

Receptfotografie: Levon Biss
Fotografie blz. 2: James Mooney
Vormgeving: Superfantastic
Lithografie: Altaimage Ltd

Vertaling: Jaromir Schneider
Culinaire redactie: Martine Steenstra
Eindredactie: Kirsten Verhagen
Vormgeving omslag en binnenwerk: Studio Michelangela, Utrecht

Gedrukt in Italië door Graphicom

ISBN 978 90 215 7725 8
NUR 440